KB079504

쇼펜하우어의 고독한 행복

쇼펜하우어의
고독한 행복

Arthur Schopenhauer

아르투어 쇼펜하우어 지음
우르줄라 미헬스 벤츠 엮음
홍성광 옮김

을유문화원

Schopenhauer für Gestreßte by Arthur Schopenhauer.
Ausgewählt von Ursula Michels-Wenz © Insel Verlag Frankfurt am Main 1998

All rights reserved by and controlled through Insel Verlag Berlin.
Korean Translation © 2024 by Yolimwon Publishing Group
The Korean language edition is published by arrangement with
INSEL VERLAG ANTON KIPPENBERG GMBH & CO. KG through MOMO Agency, Seoul.

이 책의 한국어판 저작권은 모모 에이전시를 통해 INSEL VERLAG ANTON KIPPENBERG
GMBH & CO. KG와의 독점 계약으로 열림원에 있습니다.
저작권법에 의해 한국 내에서 보호를 받는 저작물이므로 무단전재와 무단복제를 금합니다.

우리를 행복하게 해주는 것은 명랑한 마음이다.
많이 웃는 자는 행복하고, 많이 우는 자는 불행하다.

— 아르투어 쇼펜하우어 —

　자기 자신과 거리를 둔 채 자연이나 예술을 무심하게 체
험하며 휴식을 얻고 긴장을 해소함으로써 자기 행동과 힘
을 조화시키지 못할 때, 그 불균형을 바로잡을 수 있다는 것
은 무척 오래된 진리이다. 누구든 이 진리가 올바르다는 것
을 경험했을 터다. 어떤 사람은 사소한 일로도 자제력을 잃
을 수 있고 다른 어떤 사람은 그보다 참을성이 더 클 수도
있다. 그는 어쩌면 단지 더 나은 정신력을 가졌을지도 모른
다. 하지만 장기적으로 볼 때 자신의 중심을 잃는 일은 몸과
영혼을 한계점에 이르게 하는 경보 신호이고 이를 피해 갈
수 있는 사람은 거의 없다. 일상적인 현상으로 받아들여지

는 이 상태는 우리 시대의 어휘로 알다시피 '스트레스'라고 불린다. 우리는 종종 원인이나 결과를 분석하고 싶어하지 않은 채 스트레스를 듣고 겪는다. 불리한 상황, 과도하게 노출되는 해로운 영향 등 스트레스의 원인은 주로 외부에 있다. 스트레스라는 짧은 공통 분모는 좀더 명확한 병의 증상이 드러날 때까지 오랫동안 사용되며, 종종 죄책감과도 관련이 있다.

아르투어 쇼펜하우어는 우리가 운명적이라고 생각하는 인생행로를 형성하는 데 외부 환경과 자신의 의지 사이 문제들을 더 깊이 생각하여, 겉으로 보이는 인간의 무력함뿐 아니라 우리의 상태가 외부 환경으로만 바뀔 수 있다는 잘못된 인식도 바로잡았다. 그는 스트레스와 절망, 불행, 심지어 죽음에 대한 두려움에 대한 치료법은 다른 곳이 아니라 당사자 자신에게 있다고 확신하면서 내면의 상태를 결정적인 요인으로 보았다.

자기 활동력과 지속적인 실천, 통찰력으로 얻을 수 있는 인간들끼리의 관계를 통해 만들어 내는 좋은 경험은 균형 잡힌 내적 태도에 기여하고, 우리에게 높은 수준의 안도감을 선사한다. 아름다움과 진리는 더 나아가 우리를 숭고함에 더 가까이 데려다주며, 새로운 에너지가 계속해서 흘러나오게 한다.

쇼펜하우어의 사상은 단순한 낙관주의를 회피하기에, 삶에서 고통받는 사람들은 현실을 보다 차분하게 대할 수 있는 위로와 격려를 얻는다. 가령 이 철학자를 대중화한 풍자적인 해학가 빌헬름 부쉬에게서 우리는 매번 쇼펜하우어의 세계관을 발견한다. 예컨대 "소유하면 매력이 떨어지고, 새로운 모습으로 욕망과 욕구가 다시 일어난다"라는 쇼펜하우어의 문장은 빌헬름 부쉬의 글에서 "모든 소망은 얻어지는 즉시 새끼를 낳는다"라는 재치 있고 인상적인 말로 바뀐다. 리하르트 바그너, 빌헬름 라베, 프리드리히 니체, 토마스 만, 헤르만 헤세도 쇼펜하우어 철학에서 우리 자신을 강화하기보다는, 자신을 약화시키는 강박관념과 습관에 맞서는 중요한 추진력을 얻었다.

우리가 가려 뽑은 구절들은 이해할 수 없는 권력의 수중에 넘어가고 싶지 않은 사람이라면 누구도 피해 갈 수 없는 자기 교육의 핵심을 전달한다. 동시에 적절한 겸손, 명확한 사유에 대한 교육이자, 세상 모든 것이 다른 모든 것과 관계 있다는 위안과 깨달음을 전달한다. 자연에서 일관되게 드러나듯이 성장과 우리 자신의 안녕에 대한 의지로서, 다른 한편으로는 표상의 가장 높은 단계에서 우리를 구성하는 것은 기본적으로 파괴될 수 없는 표상으로서, 모든 존재 속에 세계의 전체 중심이 들어 있다.

우르줄라 미헬스 벤츠Ursula Michels-Wenz

7

죽음이란 삶을 담는 커다란 저수지다
우리 참 존재의 불멸성

1

우리의 행복은
우리를 이루는 것에 달려 있다

*

우리의 요구와 통찰력 사이의
올바른 관계

우리 행복의 90퍼센트는 건강에 의해 좌우된다

1

매우 불행해지지 않기 위한 가장 확실한 방법은 매우 행복해지기를 요구하지 않는 것이다.

2

부를 얻기 위해 노력하기보다는 건강을 유지하고 능력을 키우는 것이 더 현명하다. 남아돌 정도의 부富는 행복에 그다지 기여하지 않는다. 부자들 중 많은 사람이 불행하다고 느끼는 것도 그 때문이다. 그들은 이렇다 할 지적 교양도 지식도 없어서 정신적인 일을 할 토대가 되는 흥미를 느끼지 못한다. 부富는 실제적이고 생존적인 필요를 충족시키는 것이상으로 실제 행복에 별로 영향을 끼치지 못한다. 오히려 많은 재산을 유지하느라 쓸데없는 걱정을 하므로 행복감이 방해받는다. 그럼에도 사람들은 지적 교양을 갖추기보다는 부를 얻기 위해 수천 배 더 노력한다. 우리가 가진 것보다 우리의 인격이 행복에 훨씬 더 많이 기여한다.

3

행복의 90퍼센트는 건강에 의해 좌우된다. 건강은 모든 향유의 원천이다. 반면에 건강 없이는 어떤 종류의 것이든 외적 자산을 즐길 수 없다. 정신적 특성, 감정, 기질과 같은 그 외의 주관적 자산조차 병약으로 인해 기가 꺾이고 크게 위축된다. 따라서 사람들이 만날 때 서로의 건강 상태를 묻고 건강하길 기원하는 데에는 그럴 만한 이유가 있다. 인간의 행복에서 가장 중요한 것이 바로 건강이기 때문이다. 그러므로 생업이나 승진을 위해서든, 학식이나 명예를 위해서는 건강을 희생하는 것이 가장 어리석다. 성적 쾌락이나 찰나적인 향락을 위해서라면 더 말할 나위도 없다. 건강이 있고 난 뒤에 다른 모든 것이 있다.

우리의 행복에서 우리를 이루는 것, 즉 인격이 두말할 필요 없이 가장 중요하다. 인격은 어떤 상황에서든 한결같이 효력을 발생하기 때문이다. 또한, 인격은 다른 두 가지 범주의 자산*과 달리 외부 환경에 종속되지 않으므로, 우리에게서 빼앗아 갈 수 없다.

다른 두 가지 범주가 상대적인 가치를 지닌 것과는 달리 인격의 가치는 절대적이라고 할 수 있다. 그러한 사실에서 미루어 볼 때 인간이 외부의 영향을 받는 경우는 일반적으로 생각하는 정도보다 훨씬 적다.

이 경우에도 막강한 시간만이 자신의 권리를 행사한다. 육체적 장점이든 정신적 장점이든 시간의 힘 앞에는 점차 굴복하고 만다. 그런데도 도덕적인 성격만은 시간도 어찌할 수 없다. 물론 후자의 두 가지 범주의 자산은 시간이 직접 빼앗아 갈 수 없는 것이므로 첫 번째 범주의 자산보다 장점이 있을지도 모른다. 또 한 가지 장점으로 다른 두 가지 범주는 객관적 성격을 띠므로 그 성질상 획득이 가능하며,

---

* 쇼펜하우어는 인생의 자산을 세 범주로 나눈다. 1.인격 2.재산 3.명예

적어도 누구나 그것을 소유할 가능성이 있다. 반면에 주관적인 것은 우리 인간의 힘으로 어찌해 볼 수 없는 신의 권한에 속하기에 일평생 변하지 않는다.

그러므로 우리가 할 수 있는 유일한 일은 주어진 개성을 최대한 유리하게 이용하는 것뿐이다. 인격에 부합하는 일에만 노력을 기울이고, 개성에 맞는 종류의 도야에 힘쓰며, 다른 모든 것은 피하고, 개성에 적합한 신분이며 일, 생활 방식을 골라야 한다.

<u>5</u>

모든 인간은 의지*에 따른 현상에 불과하다. 그러므로 자기반성을 거쳐서 있는 그대로의 자신 외 다른 모습을 의욕하는 것만큼 잘못된 일은 없다. 그야말로 의지로서의 자신과 직접적인 모순이기 때문이다. 남의 특성과 특색을 모방하는 것은 남의 옷을 입는 것보다 훨씬 치욕적이다. 자기 자신이 무가치하다는 판단을 <u>스스로</u> 표현한 셈이기 때문이다.

---

* 쇼펜하우어가 말하는 '의지'Wille는 일반적인 의미뿐 아니라 인간의 맹목적인 감성인 '욕망', '욕구', '갈망', '추구', '노력', '고집'까지 포괄한다. 이는 괴로움이 생기는 원인이며 즉 '목마름'이다.

자기 자신의 성향과 모든 종류의 능력을 알고, 변화할 수 없는 그 한계를 아는 것이 자기 자신에 만족하기 위한 가장 확실한 길이다.

6

우리의 행복은 명랑한 기분에 크게 좌우되고, 이 명랑한 기분은 건강 상태에 크게 좌우된다. 같은 상황이나 사건이라도 몸이 건강하고 튼튼할 때와 병 때문에 짜증 나고 불안할 때의 차이를 비교해보면 잘 알 수 있다. 우리를 행복하게 하기도 하고 불행하게 하기도 하는 것은 사물의 실제 객관적인 모습이 아니라 사물에 대한 우리의 견해다.

7

행복과 향유에는 주관적인 것이 객관적인 것보다 비할 데 없이 중요하다. 그런 사실은 시장이 반찬이고, 노인이 젊은 이의 연인을 아무렇지 않은 시선으로 바라보는 데서부터 천재나 성자의 삶에 이르기까지 모든 면에서 확인되고 있다. 특히 건강은 어떤 재화보다 월등히 중요하므로 정말이지 건강한 거지가 병든 왕보다 더 행복하다고 할 수 있다. 완벽한 건강과 조화로운 신체에서 비롯하는 차분하고 명랑한 기질, 분명하고 생기 있으며 통찰력이 있고 올바르게 파악할 줄 아는 분별력, 온건하고 부드러운 의지, 그에 따른 한 점 부끄럼 없는 양심, 이런 것들은 지위나 부로 대신할 수 없는 장점들이다.

8

운명이 카드를 섞고, 우리는 게임을 한다.

9

우리의 행복은 우리를 이루는 것, 즉 인격에 좌우된다. 반면 사람들은 대체로 우리의 외적인 모습만, 우리가 지닌 것이나 남에게 드러내 보이는 것만 계산한다. 하지만 외적 환경은 나아질 수 있다. 게다가 내면이 풍요로우면 외적으로 많은 요구를 하지 않을 것이다. 그런데 바보는 끝까지 바보로 있고, 멍청이는 끝까지 멍청이로 있다. 그래서 괴테는 이렇게 말한다.

　"평민이든 노예든 정복자든
　저마다 고백한다. 시대를 막론하고
　덧없는 존재인 인간의 최고 행복은

인격에 좌우될 뿐이라고."

— 괴테, 『서동시집』

10

"참된 부富는 영혼의 내부에 있는 부일 뿐이고,
다른 것은 모두 이득보다는 불행을 안겨준다."

— 루키아노스, 『명작선』

이처럼 내적으로 풍부한 사람이 자신의 정신을 갈고 닦아 내면의 부를 누리기 위해 외부로부터 필요한 것은 소극적인 선물, 즉 자유로운 여가밖에 없다. 평생에 걸쳐 매일 매시간 그 자신 자체일 수만 있다면 더 이상 아무것도 필요할 게 없다. 자기 정신의 발자취를 전 인류의 가슴에 새기고자 마음먹었을 때 그에게 행복과 불행은 한 가지로만 결정된다. 즉 소질을 완전히 발휘해 자신의 작업을 완성할 수 있느냐, 또는 방해를 받아 자신의 뜻을 이루지 못하느냐. 다른 모든 것은 하찮게 여길 뿐이다. 시대를 막론하고 위대한 정신의 소유자들은 자유로운 여가를 무엇보다 가장 소중히 여기는 것을 볼 수 있다. 누구에게든 자유로운 여가는 그 자신만큼이나 소중하다.

아리스토텔레스는 "행복이란 여가에 있다"(『니코마코스 윤리학』 제10권 7장)라고 말하고, 디오니게스 라에르티오스도 "소크라테스는 여가를 인간의 소유물 중에서 가장 아름다운 것이라고 칭송했다"(『철학사』 제2권 5장 31절)라고 보고한다. 철학적 삶이 가장 행복한 삶이라고 선언한 아리스토텔레스(『니코마코스 윤리학』 제10권 7~9장)의 말도 그와 같은 취지의 표현이다. 나아가 그가 『정치학』(제4권 11장)에서 "행복한 삶이란 아무런 방해 없이 유능함을 펼칠 수 있는 삶이다"라고 기술했는데, 이것을 철저히 해석하면 '어떤 종류의 것이든 자신의 탁월함을 아무런 방해도 받지 않고 발휘할 수 있는 것이 진정한 행복이다'라는 의미다. 그러므로 "재능을 가지고 태어난 자는 그 재능에 따라 사는 것이 가장 행복한 삶이다"라는 『빌헬름 마이스터의 수업시대』에 나오는 괴테의 말도 같은 취지의 표현이다.

11

자기 자신에게 만족하고 자기 자신이 전부일 수 있어서, "나는 모든 재산을 몸에 지니고 다닌다"(키케로의 『패러독스』 제1권 1장 8절, 세네카의 『서간집』 제9권 18통)라고 말할 수 있다면 그것이야말로 확실히 우리의 행복에 가장 유익한 특성이다. "행복이란 자기 자신에게 만족하는 사람의 것이다" (『에우데모스 윤리학』 7장 2절)라는 아리스토텔레스의 말은 자꾸 되뇔 필요가 있다.

12

인격의 장점에 대한 질투는 가장 조심스럽게 은폐된 것이긴 해도 가장 조절하기 힘든 질투이다. 의식의 성질은 언제까지나 변함이 없으며, 개성은 매 순간 많고 적음의 차이는 있어도 지속적이고 항구적으로 작용한다. 반면에 다른 모든 것은 그때그때에 따라 일시적으로 작용할 뿐이고, 세상의 변화에 덧없이 따르는 것이다.

그래서 아리스토텔레스는 『에우데모스 윤리학』 제7권 2장에서 "자연은 신뢰할 수 있지만 돈은 그렇지 못하다"라고 말했다. 우리가 전적으로 외부에서 닥친 불행을 스스로 초래한 불행보다 차분하게 견디는 것은 그 때문이다. 외적인 상태는 변할 수 있어도 자신의 성질은 결코 변하지 않는다. 그러므로 고상한 성격과 뛰어난 두뇌, 낙천적 기질과 명랑한 마음, 튼튼하고 건강한 신체와 같은 내적 자산, 즉 "건강한 신체에 깃드는 건강한 정신"이 행복에서 으뜸으로 중요하다. 외적인 자산이나 명예를 얻으려고 하기보다는 앞서 말한 내적 자산을 키우고 유지하는 데 힘써야 할 것이다.

우리를 가장 행복하게 해주는 것은 명랑한 마음이다

명랑함이 활짝 피어나려면 무엇보다도 높은 수준의 완전한 건강을 유지해야 한다. 그러기 위해서는 알다시피 무절제와 방탕, 격하고 불쾌한 감정의 동요, 또한 과도하거나 지속적인 정신적 긴장을 피하고, 하루에 두 시간씩 실외에서 활발한 운동을 하고, 자주 냉수욕을 하며, 식이요법 등을 통한 건강관리에 힘써야 한다. 매일 적당한 운동을 하지 않으면 건강을 유지할 수 없다. 모든 생리적 과정이 순조롭게 진행되려면 개별 부분의 운동뿐만 아니라 전체적인 운동도 필요하다. 그 때문에 "생명의 본질은 운동에 있다"라는 아리스토텔레스의 말은 옳다. 생명의 본질은 운동에 있으며, 생명은 운동에 그 본질이 있다. 유기체의 내부 전체는 끊임없이 활발한 운동을 하고 있다.

14

완벽한 건강과 조화로운 신체에서 비롯되는 차분하고 명랑한 기질, 분명하고 생기 있으며 통찰력이 있고 올바로 파악할 줄 아는 분별력, 온건하고 부드러운 의지, 그에 따른 한 점 부끄럼 없는 양심 이런 것은 지위나 부로 대신할 수 없는 장점들이다. 그도 그럴 것이 어떤 인간 그 자신을 이루는 것, 홀로 있을 때도 그를 따라다니는 것, 아무도 그에게 주거나 빼앗을 수 없는 것이야말로 그가 소유하거나 남의 시선에 비친 그의 모습보다도 분명 더 중요하기 때문이다.

재기 있는 사람은 혼자 있을 때도 자신의 사고와 상상력으로 커다란 즐거움을 얻을 수 있지만, 둔감한 사람은 번갈아 가며 사교나 연극, 소풍이나 오락을 계속 즐길지라도 고통스러운 지루함을 견디지 못할 것이다. 선하고 온건하며 부드러운 인격을 지닌 사람은 궁핍한 상황에서도 만족할 수 있지만, 탐욕스럽고 시기심이 많으며 사악한 성격을 지닌 사람은 아무리 부유해도 만족하지 못한다. 비범하고, 정신적으로 탁월한 인격을 한결같이 지니고 있는 자에게는 일반 사람이 추구하는 향락 대부분이 불필요하고 거추장스러우며 성가신 것에 불과하다. 그 때문에 호라티우스는 자신에 관해 이렇게 말한다.

"상아, 대리석, 장신구, 티레니아의 조각상, 그림들,
　은제품, 게투리산産의 보라색 염료로 물들인 의복,
　그런 것을 갖고 싶어 하는 사람이 많지만, 원치 않는 사람
　도 더러 있다."

— 호라티우스, 『서간집』

15

행복과 불행은 우리가 원하는 것과 우리에게 주어지는 것 사이의 격차에 달려 있을 뿐이다.

16

어떤 사람이 얼마나 행복한지 대충 알아보려면 그가 어떤 일에 즐거워하는지가 아니라 어떤 일에 슬퍼하는지 물어보아야 한다. 사소한 일에 슬퍼할수록 더욱 행복하다고 할 수 있다. 별 탈 없이 잘 지내는 사람이라야 사소한 일에 민감하게 반응할 것이기 때문이다. 다시 말해 우리가 불행한 상태

에 빠지면 그런 사소한 것을 전혀 느끼지 못한다.

17

커다란 고통을 당하면 그보다 사소한 고통은 전혀 느끼지 못한다. 이와 반대로 커다란 고통이 없을 때는 아주 사소한 못마땅한 일조차도 우리를 고통스럽고 언짢게 한다.

18

지루할 때는 시간을 알아채지만, 즐거운 일을 할 때는 시간 가는 줄 모른다. 우리는 우리가 존재하고 있음을 가장 적게 느낄 때 가장 행복하다.

19

삶의 노고에서 벗어났다는 사실이 노년에는 위안이 된다. 가장 행복한 운명을 타고난 사람은 정신적으로뿐만 아니라 육체적으로도 그다지 큰 고통을 겪지 않고 살아온 사람이지, 대단히 큰 기쁨이나 엄청난 쾌락을 맛본 사람이 아니다.

최고의 기쁨이나 향락으로 인생의 행복을 재려고 하는 자는 잘못된 잣대를 잡은 것이다. 향락이란 어디까지나 소극적인 것이기 때문이다. 향락이 행복하게 한다는 생각은 질투심이 스스로를 벌하기 위해 품는 망상이다. 반면에 고통은 적극적으로 느껴진다. 그 때문에 고통이 없다는 것은 삶의 행복을 재는 잣대다. 무료함이 없어 고통 없는 상태에 이르렀다면 사실상 지상의 행복에 도달했다고 할 수 있다. 그 밖의 모든 것은 환영이기 때문이다. 고통을 치르면서, 즉 고통의 위험을 감수하면서까지 향락을 맛보려고 해서는 안 된다. 그렇게 한다면 소극적인 것, 즉 환영과 같은 것을 맛보는 대가로 적극적이고 현실적인 것을 도외시하는 셈이다.

20

명랑함이 찾아오면 언제라도 문을 활짝 열어줘야 한다. 명랑함이 잘못된 때에 찾아오는 법이란 결코 없기 때문이다. 그런데 우리는 모든 면에서 만족할 이유가 있는지 먼저 알려고 하면서 명랑함을 받아들이는 데 주저하는 경우가 있다. 또한 진지한 숙고와 중대한 걱정이 명랑함으로 인해 방해받을까 봐 우려하기도 한다. 진지한 숙고와 중대한 걱정으로 무엇을 개선할 수 있는지는 매우 불확실하다.

21

현재 행복을 느끼는 자는 주변의 모든 사람이 행복해지기를 바란다.

22

삶이 행복한 것은 확실히 유쾌한 미소를 짓기 때문이다. 유쾌한 미소로 그는 사람의 마음을 얻을 수도 있다.

23

무엇보다 가장 직접적으로 우리를 행복하게 해주는 것은 명랑한 마음이다. 이러한 좋은 특성은 즉각 보답을 주기 때문이다. 즐거워하는 사람은 언제나 그럴 만한 이유가 있다. 말하자면 그가 즐거워한다는 사실이 바로 그 이유다. 명랑함만큼 다른 모든 자산을 완전히 대체할 수 있는 것은 존재하지 않는다. 반면 명랑함이라는 특성 자체는 다른 어떤 것으로도 대체될 수 없다. 젊고 잘생긴 데다 부자며 존경받는 사람이 있다고 치자. 그가 행복한지 판단하려면 그가 명랑한지 알아보아야 한다. 반면에 누군가 명랑하다면 젊든 늙었든, 몸이 반듯하든 굽었든, 가난하든 부자든 전혀 문제가 되지 않는다. 그는 행복한 것이다.

　유년 시절 나는 어느 고서를 뒤적이다가 "많이 웃는 자는 행복하고, 많이 우는 자는 불행하다"라는 글을 읽은 적이 있다. 매우 단순한 말이다. 비록 진부하기 짝이 없지만 소박한 진리를 담고 있어서 나는 그 글을 잊을 수가 없다.

24

진지한 숙고와 중대한 걱정으로 무엇을 개선할 수 있을지는 매우 불확실하다. 반면에 명랑함은 직접적인 이득이 된다. 명랑함만이 행복의 진정한 주화鑄貨이며, 다른 모든 것처럼 어음과 같은 것이 아니다. 직접적으로 현재를 행복하게 해주는 것은 명랑함밖에 없다. 그러므로 현실의 모습이 두 개의 무한한 시간 사이에 있는 불가분의 현재라는 형태를 띠고 있는 사람에게 명랑함은 최고의 자산이다. 우리는 다른 것을 가지려고 노력하기에 앞서 이러한 명랑이라는 자산을 얻고 키우는 데 힘을 쏟아야 한다.

명랑함에 가장 큰 도움을 주는 것은 부富가 아니라 건강이다. 하층 노동계급, 특히 땅을 경작하는 사람들은 명랑하고 만족한 얼굴을 하고 있는데, 부유하고 고상한 사람들은 흔히 언짢은 얼굴을 하고 있다.

휴식 없이 진정한 행복은 불가능하다

25

인간은 진지할수록 그만큼 더 진심으로 웃을 수 있다.

26

이 모든 현실, 즉 충만한 현재는 물속의 산소와 수소처럼 아무리 필수 불가결하고 밀접한 화합물로 이루어져 있다 해도 주관과 객관이라는 두 반쪽으로 이루어져 있는 데서 기인한다. 객관적인 측면이 아무리 멋지고 좋다 해도 주관적인 측면이 아둔하고 열악하면 열악한 현실과 현재가 되고 만다. 이것은 아무리 경치 좋은 곳이라도 날씨가 나쁘거나 질 나쁜 카메라로 찍으면 변변치 못한 것과 마찬가지다.

좀 더 분명히 말하자면 누구나 자신의 피부 속에 들어 있는 것처럼 자신의 의식 속에 들어 있어, 자신의 의식 속에서만 갇혀 살아가는 것이다. 그러므로 외부에서 그를 도와줄 방법이 별로 없다. 무대 위에서 어떤 사람은 제후의 역할을, 다른 사람은 고문관의 역할을, 또 다른 사람은 하인이나 병사, 또는 장군 등의 역할을 한다 해도 이러한 차이는 단지 외적인 것에 불과하다. 현상의 핵심인 내면을 들여다보면 누구나 똑같이 고통과 궁핍에 시달리는 가련한 희극배우에 불과하다.

　인생도 이와 마찬가지다. 지위와 부의 차이에 따라 각자 자신의 역할을 수행하지만, 행복과 즐거움의 내적 차이가 결코 그런 역할과 일치하는 것은 아니다. 이 경우에도 한풀 벗기고 나면 궁핍과 고통에 시달리는 똑같은 가련한 멍청이에 지나지 않는다.

27

불행하거나 고통스러운 일을 당했을 때 가장 효과적인 위로는 우리보다 더 불행한 다른 사람들을 바라보는 것이다. 이런 일은 누구나 할 수 있다.

인간의 삶은 전적으로 의욕과 성취 사이에서 흘러간다. 소망은 근본적으로 곧 고통이다. 성취는 금세 포만을 낳는다. 목표는 겉보기에만 그럴 뿐이다. 무언가를 소유하면 그것이 지니고 있던 매력은 사라지고, 새로운 형태의 소망과 욕구가 다시 나타난다. 그게 아니라면 황량함, 공허, 무료함이 뒤따르고, 이에 대한 투쟁은 곤궁에 대한 투쟁과 마찬가지로 너무나 고통스럽다. 소망과 충족 사이의 시간적 간격이 너무 짧지도 길지도 않으면 이 둘에 의해 생기는 고뇌가 최소한으로 줄어들고, 가장 행복한 인생행로를 이루게 된다.

취미는 향유의 지속적인 원천이다.

모든 의욕은 욕구에서, 즉 결핍이나 고뇌에서 생긴다. 이 욕구는 충족되면 끝난다. 그렇지만 하나의 소망이 성취되더라도 적어도 열 개의 소망은 이루어지지 않고 남는다. 더구나 욕망은 오래 지속되고, 요구는 끝없이 계속된다. 즉 충족은 짧은 시간 동안 불충분하게 이루어진다.

심지어 최종적인 충족 자체도 겉보기에만 그럴 뿐 소망이 하나 성취되면 즉시 새로운 소망이 생긴다. 이는 마치 거지에게 늘 던져주는 적선이 오늘 그의 목숨을 이어주어 고통을 내일까지 연장하는 것과 같다. 그러므로 의식이 의지에 사로잡혀 있는 한, 끊임없는 희망과 두려움으로 여러 욕망의 충동에 내몰려 있는 한, 우리가 의욕의 주체인 한 지속적인 행복도 마음의 안정도 결코 주어지지 않는다.

우리가 무언가를 쫓거나 피하고, 재앙을 두려워하거나 기쁨을 얻으려 노력하는 것은 본질적으로 같다. 어떤 형태로든 끊임없이 요구되는 의지에 대한 관심은 지속적으로 의식을 충족시키고 움직인다. 그러나 마음의 휴식 없이 진정한 행복은 불가능하다.

2

자신만의 믿음으로
스스로를 위로해야 한다

*

**우리 자신은
우리 행위의 수행자이다**

모든 위로의 시작은
인간이 무에서 생겨나지 않았다는 가르침이다

모든 사람이 실제로 알고 있는 유일한 세계는 자신의 표상*
으로서의 세계다. 따라서 그는 그 세계의 중심이다. 각자는
모든 것의 중심이다.

　모든 생명체 안에는 세상의 완전한 중심이 있다. 그 때문
에 자신의 생존이 무엇보다 중요하다. 이기심 또한 이러한
사실에 기인하고 있다. 죽음으로 생명체가 소멸한다고 믿

---

* 쇼펜하우어 철학에서 '표상'이란 오감, 즉 시각, 청각, 후각, 미각, 촉각에 의해
　인지되는 대상을 말한다.

는 것은 지극히 우스꽝스러운 일이다. 모든 현존은 오직 죽음에서 비롯되기 때문이다.

32

인간은 자기 안에 최종적이고 근본적인 비밀을 지니고 있다. 그리고 스스로 이 내부에 가장 직접적으로 접근할 수 있다. 그는 여기에서만 세계의 수수께끼를 푸는 열쇠를 발견할 수 있고, 모든 사물의 본질을 한 가닥의 실로 파악할 수 있다.

33

물리학적 진리는 외적으로 매우 뜻깊은 부분이 많을지 모르지만, 내적인 진리는 부족하다. 이것이 지적·도덕적 진리의 특권이다.

34

인간의 인식과 통찰력을 증진하려고 노력할 때 사람들은 끌어당겨야 할 짐의 저항과 마찬가지로 모든 노력에 맞서 땅을 무겁게 내리누르는 시대의 저항을 항상 느낄 것이다. 그렇다면 자신에 대한 선입견이 생기더라도 자신만의 진실이 있다는 확신으로 스스로를 위로해야 한다. 진실은 동지인 시간이 합류하자마자, 오늘이 아니라면 적어도 내일에라도 승리를 완전히 확신할 것이다.

35

모든 위로의 근거와 시작점은 인간이 무에서 생겨나지 않았다는 가르침이다.

36

의식에 관한 한 가지 사실은, 우리가 하는 일에 대한 책임감과 책임질 수 있다는 효능감은 분명하고 확실하다는 것이다. 의식은 자신이 행동의 수행자라는 흔들림 없는 확신에 바탕을 두고 있다.

37

어떤 존재가 자신의 행동에 책임을 지려면, 즉 책임질 능력이 있으려면 자유로워야 한다. 따라서 우리의 양심이 말하는 책임과 책임 전가성으로부터 의지가 자유롭다는 매우 확실한 결론이 나온다. 하지만 이런 사실로부터 다시 의지는 본질적인 것 자체이며, 단순히 행동이 아닌 인간의 현존과 존재로서 그의 고유한 면모라는 결론이 나온다.

진실은 호불호의 문제와 상관없다

38

하나의 진리는 다른 진리를 결코 전복시킬 수 없고, 결국에
는 모두 합의해야 한다. 눈에 보이는 공통 기반에서는 모순
이 불가능하기 때문이다. 어떤 진리도 다른 진리를 두려워
할 필요가 없다. 반면에 거짓과 오류는 모든 진리를 두려워
해야 한다.

39

모든 보편적 진리와 개인적 진리의 관계는 금과 은의 관계
와 같다. 금화를 은화로 바꾸는 것처럼 보편적 진리를 상당
한 양의 개인적 진리로 바꿀 수 있다. 보편 진리는 도덕적이

고 심리적인 것과 마찬가지로 값어치가 있다. 모든 보편 규칙, 모든 종류의 명제, 그러니까 모든 격언이 얼마나 금빛으로 찬란한가! 위의 것들은 매일 반복되고, 예시되고, 설명되는 수천 가지 과정의 정수이기 때문이다.

40

진실의 폭력성은 엄청나게 크고 말로 표현할 수 없을 정도로 끈질기다. 우리는 다른 시대와 국가의 가장 기괴하고 터무니없는 교리조차도 종종 특이한 사회에서, 기이한 혼합 속에서, 그러나 알아볼 수 있는 모든 면에서 그 흔적을 다시 자주 발견한다. 그것은 마치 거대한 돌무더기 아래에서 발아함에도 무수한 구부러짐, 변형, 퇴색, 시듦을 겪으면서 빛으로 올라오는 식물과 닮았다.

41

진실은 모두 함께 어울리고, 서로 도전하며, 서로를 완성하는 동시에 모든 구석에서 오류와 부딪친다.

42

진실하고 진지한 말은 항상 천천히 자신의 길을 가서 목표에 도달한다. 물론 거의 기적에 의한 것처럼 도달한다. 보통 사람들은 그것을 대체로 냉담하게, 즉 비호의적으로 받아들인다. 후세에 완전히 인정받고, 헤아릴 수 없이 많은 사람이 스스로 웃음거리가 되지 않기 위해 권위를 인정할 때도, 솔직한 평가자의 수가 여전히 처음과 거의 비슷한 것도 같은 이유다. 소수가 그 말을 존경할 수 있는 이유는 그들 자신이 존경받기 때문이다. 그들은 이제 수 세기에 걸쳐 무능한 군중의 머리 너머로 그 말을 손에서 손으로 전달한다.

43

진실은 수명이 길기에 기적을 기다릴 수 있다. 진실은 호의나 불호에 의존하지 않으며 누구에게도 허락을 구할 필요가 없다. 진실은 스스로 서 있고, 시간과 동맹을 맺고 있으며, 시간의 힘에 저항할 필요가 없고, 유한한 시간을 사는 생명은 파괴할 수 없다.

44

인간은 자신의 몸무게를 지탱하고 있으면서도 타인의 몸을 움직이려고 할 때와 달리 그것을 느끼지 못한다. 이처럼 인간은 자신의 결점이나 악덕은 깨닫지 못하고 타인의 결점이나 악덕만 알아챈다. 하지만 그 대신 누구에게나 자신이 지닌 온갖 종류의 악덕, 결점, 악습과 역겨운 모습을 분명히 보여주는 타인이라는 거울이 있다. 인간은 그럴 때 대체로 거울에 비친 자기 모습이 자신임을 알지 못하고, 다른 개라고 생각해 거울을 보고 짖는 개처럼 행동한다. 남을 책잡는 자는 자신의 개선에 힘쓰는 셈이다.

45

진리가 실제적인 사물을 근거로 말할 때 즉시 우리는 말로 진리에 도움을 줄 필요가 없다. 시간이 천 개의 혀가 되어 진리에 도움을 줄 것이다.

46

가장 중요한 진리의 발견으로 이끄는 건 실험으로만 표현할 수 있는 희귀하고 숨겨진 현상의 관찰이 아니라 모든 사람에게 열려 있고, 누구나 접근할 수 있는 현상의 관찰이다. 따라서 우리의 임무는 아직 아무도 보지 못한 것을 보는 것일 뿐 아니라 모든 사람이 보는 것에서 아직 아무도 생각하지 않은 것을 생각하는 것이다.

외적으로는 자신과 타자가 동일시될 수 없지만 확실하고 직접적인 지식을 가지고 있는 한 모든 것은 그의 의식 안에 놓여 있다.

심오한 진리는 보고 알아차릴 뿐 계산으로 얻어 내는 것이 아니다. 즉 진리에 대한 최초의 인식은 직접적인 인식으로, 순간적인 인상에 의해 생겨난다. 따라서 이러한 인식이 생기려면 인상이 강렬하고 생생하며 깊어야만 한다. 이러한 점에서 보면 모든 것은 청년 시절을 어떻게 활용하느냐에 달려 있다.

명성이 아니라
명성을 얻을 만하게 해주는 것이 값진 것이다

49

독창적이고 비범하며, 어쩌면 불멸의 생각을 하기 위해서는 잠시 자신을 세상과 사물로부터 완전히 낯설게 하여, 가장 평범한 사물을 완전히 새롭고 알려지지 않은 것처럼 보이게 하는 것으로 충분하다.

50

사람들이 일반적으로 운명이라고 부르는 것은 대체로 자신의 어리석은 짓거리일 뿐이다.

청춘은 인생에서 가장 행복한 시기이고, 노년은 가장 슬픈 시기라고 한다. 열정이 사람을 행복하게 만든다면 그 말은 사실일 것이다. 젊음은 열정에 강하게 움직이므로, 즐거움은 적고 고통은 많다. 냉정한 노년은 그처럼 열정에 휩쓸리지 않으므로, 마음의 평정을 얻고, 관조적인 인상을 부여한다.

시간 자체도 청년기에는 훨씬 더디게 흘러간다. 그 때문에 인생의 첫 4분의 1은 가장 행복한 시기일 뿐만 아니라 가장 긴 시기이기도 하므로, 어느 시기보다 많은 추억을 남긴다. 그래서 추억 이야기를 할 때는 누구나 그다음 두 시기를 합친 것보다 이 첫 4분의 1 시기에 대해 할 얘기가 더 많을 것이다. 그뿐만 아니라 일 년 중 봄이 그렇듯이 인생의 봄도 하루가 결국 성가실 정도로 길 것이다. 일 년 중 가을과 인생의 가을이 되면 하루가 짧아지지만, 좀 더 명랑하고 한결같을 것이다.

다른 사람과 같지 않은 개성은 청춘기에는 부담스럽지만,

노년기에는 안도감을 준다.

54

이미 오랫동안 조용히 작동해온 근본적으로 그릇된 견해가
한 번 단호하게 큰소리로 분명하게 말해질 때 화내지 말고
기뻐해야 한다. 사람들이 앞으로 곧 그릇된 점을 느끼고 인
식하여, 결국 마찬가지로 말하게 될 것이기 때문이다. 그것
은 고름을 터뜨리는 것과 같다.

55

오래 살아남는 것은 천천히 등장한다.

56

있을 법하지 않은 일이라고 해서 결코 일어나지 않는 것은
아니다.

57

인생에서 한 가지를 붙잡고 소유하려면 무수히 많은 다른
것을 좌우에 포기하고 내버려 두어야 한다. 만약 이 결심을
하지 못하고 장터의 아이들처럼 지나가면서 이목을 끄는

것을 모두 붙잡으려고 한다면, 지그재그로 달리고 이리저
리 헤매며 아무것도 얻지 못할 것이다.

58

명성이란 본래 어떤 사람을 다른 모든 사람과 비교하는 데
서 생긴다. 명성이란 본질적으로 상대적이며, 그 때문에 상
대적인 가치만을 가진다. 다른 모든 사람이 명성을 얻은 사
람과 같다면 명성은 완전히 없어지고 말 것이다. 어떤 상황
에서도 절대적인 가치를 잃지 않는 것은 그 자체로 어떤 인
간을 이루어야만 절대적인 가치를 지닐 수 있다. 위대한 가
슴과 위대한 두뇌의 가치와 행복은 분명 이 점에 있을 것
이다.

　명성 자체가 아니라 명성을 얻을 만하게 해주는 것이 값
진 것이다. 값진 것은 말하자면 사물의 실체고, 명성은 사물
의 우연한 성질에 불과하기 때문이다. 명성이란 명성을 얻
은 사람에게 주로 외적인 징후로서 작용한다. 명성을 얻은
자는 그런 징후에 의해 자신이 높은 평가를 받는 것을 확인
한다. 빛이 물체에 반사되지 않으면 전혀 보이지 않듯, 모든
탁월함도 명성에 의해 비로소 그 자체에 대해 진정으로 확
신한다고 말할 수 있을 것이다.

인간의 가혹하고 불쌍한 많은 운명 중에서 가장 안타까운 것은 우리가 어디로 가고, 어디에서 왔으며, 무엇 때문에 존재하는지 알지 못하고 살아간다는 점이다. 다시 말해 이러한 불행한 감정에 사로잡혀 있는 자는 계시라는 이름으로 특별 보고를 알려주려 한다고 사칭하는 사람들에게 분노를 느낄 수밖에 없다. 나는 계시를 전하는 자들에게 오늘날 너무 많은 계시를 말하지 말라고 충고하고 싶다. 그러지 않으면 실제로 계시가 무엇인지 언젠가 사칭하는 자들에게 쉽게 밝혀질 것이다.

인간은 일찍이 신과 같이 인간이 아니었던 존재가 자신과 세계의 생존이나 목적에 관해 설명했으리라고 진지하게 생각할 수 있는, 다 큰 어린이에 불과하다. 모든 인간의 운명이 그렇듯이 현자도 종교를 말할 때 종종 이상한 알레고리나 신화로 표현하긴 하지만, 현자의 생각 이외에 다른 계시는 존재하지 않는다. 그런 점에서는 어느 인간이 자신의 생각을 신뢰하며 살다가 죽든 남의 생각을 신뢰하며 살다가 죽든 매한가지다. 인간은 언제나 인간적인 생각과 견해만 신뢰하기 때문이다. 그렇지만 인간은 대체로 자신의 머리를 신뢰하는 자보다 초자연적 근원이 있다고 사칭하는 자를 특히 좋아한다. 그런데 인간들 간의 지적 차이가 엄청나게 큰 것을 주시하면 어쨌든 어떤 사람의 생각이 다른 사람에게는 계시로 여겨질 수 있을지도 모른다.

60

모든 사람은 자기 자신으로 되돌아가는 고독한 상태에서 자신이 무엇을 갖고 있는지 드러난다. 왕으로 태어난 사람은 그의 비참한 개성이 짊어진 끝없는 부담 속에서 신음하는 반면 대단히 재능 있는 사람은 자기 생각으로 더없이 황량한 주변을 사람들로 붐비게 하고 활기차게 만든다.

61

수입을 적게 또는 전혀 필요로 하지 않는 나라가 가장 행복하듯이, 사람도 내적인 부가 충분하고 자신을 유지하기 위해 외부로부터 필요한 것이 적거나 전혀 없는 자가 행복하다. 외부로부터의 공급은 비용이 많이 들고, 종속하게 만들고, 위험을 초래하고, 성가신 일이 생기게 하며, 결국에는 자신의 토양에서 나오는 생산물을 나쁜 방식으로 대체하는 것에 불과하다. 다른 사람, 일반적으로 외부로부터는 어떤 점에서든 많은 기대를 해서는 안 된다. 한 사람이 다른 사람에게 될 수 있는 것은 매우 얄팍한 한계가 있다. 결국 모든 사람은 혼자이고, 이때 지금 누가 혼자인가에 따라 상황이 달라진다.

62

공간과 시간 속에서 세계의 무한한 크기를 고찰하는 데 정신을 잃어버리고, 지나간 수천 년과 다가올 수천 년에 대해 깊이 생각한다면, 또한 밤하늘이 광활한 세계를 눈앞에 실제로 보여줘서 세계를 도저히 측량할 수 없다는 느낌이 들면, 우리는 자신이 무로 축소되는 느낌을 받고 개체이자 생명을 지닌 신체로서, 무상한 의지 현상으로서, 대양의 물 한 방울처럼 서서히 없어져 무로 소멸되는 것을 느낀다. 하지만 이와 동시에 자신이 무에 불과하다는 환영과 거짓된 불가능성에 맞서, 이 모든 세계는 순수한 인식 작용의 영원한 주관이 변화한 것으로서 우리의 표상 속에서만 현존한다는 직접적인 의식이 생긴다. 우리는 개체성을 잊어버리자마자 자신을 그 영원한 인식 주관으로서 발견하는데, 그 인식 주관이 모든 세계와 시대를 조건 짓는 필연적인 담당자다.

우리를 지레 겁먹게 하는 세계의 크기는 이제 우리 속에 편히 쉬고, 우리가 세계의 크기에 의존하는 대신 세계의 크기가 우리에게 의존하게 된다. 그렇지만 이 모든 것은 즉각 인식되지 않고, 어떤 의미에서(오로지 철학만이 이 의미를 분명하게 한다) 우리가 세계와 하나이므로 측량할 수 없는 세계의 크기에 억압되지 않고 오히려 드높여진다.

63

나는 아무렇게나 밟힌 채 익어가는 옥수수밭의 한쪽 귀퉁이에 서 있었다. 그곳에서 나는 모두 똑같이 곧게 뻗은, 무거운 이삭을 잔뜩 달고 있는 줄기들 사이에서 다양한 파란색, 빨간색, 보라색 꽃들을 보았다. 자연스러운 모습의 잎을 지닌 그 꽃들은 무척 아름다웠다. 그러나 나는 그 꽃들이 쓸모없고 결실을 맺지 못하는 잡초, 제거할 수 없어 그냥 용인되는 잡초에 불과하다고 생각했다. 그럼에도 이 광경에 아름다움과 매력을 부여하는 것은 오로지 꽃들뿐이다. 꽃의 역할은 진지하고 유용하며 생산적인 시민 생활에서 시와 예술이 하는 역할과 같다. 따라서 꽃은 시와 예술의 상징으로 간주할 수 있다.

3

그대 스스로를 위해
생각해야 한다

*

**원형, 의식하기,
보다 높은 예술**

자기 자신을 위해 생각한 것만 진정한 가치가 있다

64

누군가가 자기 자신을 위해 붙인 촛불만이 다른 사람을 위해서도 빛난다. 모두를 위해 생각하고자 한다면 그대 스스로를 위해 생각해야 한다.

65

단순한 의욕과 능력만으로는 충분하지 않다. 인간은 자신이 무엇을 원하는지, 또 무엇을 할 수 있는지도 알아야 한다. 그래야 비로소 성격을 보여줄 수 있고, 올바른 일을 성취할 수 있다.

밤은 모든 것을 검은색으로 물들여 놓는다. 때문에 잠들기 전이나 밤에 깨어 있을 때 우리의 사고는 꿈을 꿀 때와 거의 비슷하게 사물을 심하게 일그러뜨리거나 왜곡시킨다. 게다가 신변에 관련된 일일수록 사고가 칠흑같이 어두워지고 끔찍해진다. 그러다가 아침이 되면 모든 끔찍한 형상이 꿈처럼 사라져버린다. "밤에는 색이 물들어 있지만, 낮에는 하얗다"라는 스페인 속담은 바로 이런 의미다. 하지만 불이 켜지기 시작하는 저녁이 되면 분별력은 벌써 눈과 마찬가지로 대낮처럼 명료하게 보지 못한다. 그 때문에 이 시간은 중대한 문제나 특히 언짢은 문제를 성찰하기에 적합하지 못하다. 그런 일을 하기에는 아침이 제격이다.

아침은 일반적으로 정신적인 일이나 육체적인 일을 막론하고 어떤 일을 할 때도 예외 없이 적합하다. 아침은 하루 중 청춘에 해당하기 때문이다. 모든 것이 명랑하고 싱싱하며 경쾌하다. 기운이 넘쳐 뭐든지 제대로 처리할 능력이 있다. 늦잠을 자서 아침을 단축하거나 쓸데없는 일이나 잡담으로 시간을 허비하지 말고, 아침을 인생의 정수라 간주하고 어느 정도 신성시해야 한다. 반면에 밤은 하루 중 노년에 해당한다. 우리는 밤이 되면 힘이 빠지고 말이 많아지며 경솔해진다. 하루하루가 조그만 일생이라 할 수 있다. 매일은 깨어남인 출생으로 시작해, 죽음인 수면으로 끝나는 작은 삶이다. 그러므로 잠드는 것은 나날의 죽음이고, 날마다 깨어나는 것은 새로운 출생이다. 그러니 깨어나는 일을 완전히 해내고 싶을 때, 일어날 때의 불편함과 어려움을 출생의 고통으로 간주하면 가능할지도 모른다.

67

정신은 본질적으로 자유민이지 부역자가 아니다. 정신은 자신이 좋아서 어떤 일을 기꺼이 하고 그것에 빠질 뿐이다.

68

매일 아침 깨어날 때 의식은 백지상태지만 금방 다시 채워진다. 먼저 전날 밤의 주변 환경이 다시 우리에게 들어와, 바로 이 환경에서 우리가 생각했던 것을 상기시킨다. 전날에 일어난 사건들은 그 환경과 결부되어 있다. 그리하여 한 생각이 다른 생각을 빠르게 불러일으켜, 어제 몰두했던 모든 일이 다시 눈앞에 존재하게 된다. 정신 건강은 이런 일이 제대로 일어나는지에 달려 있다.

우리의 강점과 약점이 어디에 있는지 탐구했다면, 뛰어난 천부적 재능을 개발하고 이용하여 온갖 방식으로 활용하기 위해 노력해야 한다. 항상 재능을 발휘하기에 적합하고 유효한 쪽으로 나아가되, 천성적으로 소질이 거의 없는 것은 추구하지 말고 어떻게든 피해야 한다. 우리는 성공할 수 없는 것을 시도하지 않도록 조심해야 한다. 이 지점에 도달한 사람만이 항상 신중하고 온전히 그 자신이 될 것이며, 자기 자신에게 무엇을 기대할 수 있는지 알기에 자신을 결코 곤경에 빠트리지 않을 것이다. 그러면 그는 때때로 자신의 강점을 느끼는 기쁨을 함께하며, 자신의 약점을 상기시키는 고통, 즉 아마도 더없이 큰 정신적 고통을 유발하는 굴욕감은 거의 겪지 않을 것이다.

간접적으로 접한 객관적 사실의 인과관계를 파악할 때 지성의 예리함은 자연과학에 적용될 뿐만 아니라—자연과학의 발견은 지성의 예리함 덕분이다—그 예리함을 현명함이라 부르는 실제 생활에도 적용된다. 그런데 자연과학에 적용될 때는 명민함, 통찰력, 총명함으로 부르는 것이 더 낫다. 엄밀히 말해 현명함이란 오로지 의지에 봉사하는 지성을 지칭한다. 그렇지만 이 개념의 한계를 엄밀하게 정할 수는 없다. 이미 공간 속의 객관적 사실을 직관하는 경우 모든 동물에게서 활동하는 지성의 동일한 기능이 가장 예리하게 작동하기 때문이다.

71

개념을 통해서만 자신을 규정하기란 쉬운 일이 아니다. 눈앞의 직관적 실재성을 지닌 외부 세계는 더없이 강한 심성과 정신력을 지닌 사람을 향해 억지로 밀고 들어가기도 한다. 그러나 인간 정신은 바로 이러한 인상을 극복해냄으로써, 그 인상의 눈속임에 넘어가지 않음으로써 자신의 위엄과 위대함을 보여준다.

쾌락과 향유의 자극에도 정신이 영향받지 않는다면, 또는 격분한 적의 위협과 광분에도 정신이 동요하지 않는다면, 길을 잃고 헤매는 친구의 간청에 정신의 결단이 흔들리지 않는다면, 약속한 음모로 정신을 뒤흔드는 환상에도 정신이 끄떡하지 않는다면, 바보와 천민의 조롱에도 정신이 평정심을 유지하고, 그 자신의 가치를 잃지 않는다면 말이다.

타인의 눈에 어떻게 비치느냐에 따라 어떤 사람의 가치와 무가치가 결정된다면 비참한 삶이라고 할 수 있겠다. 영웅이나 천재의 삶도 그의 가치가 명성에, 즉 타인의 갈채에 의존한다면 역시 비참한 삶이다. 오히려 모든 존재는 그 자신 때문에 살아가고 존재한다. 그 때문에 또한 무엇보다도 그 자체로 독자적으로 살아가는 것이다.

한 사람을 이루는 것은 어떤 종류와 방식이든 무엇보다도 주로 독자적인 그 사람 자신의 모습이다. 여기에 큰 가치가 없다면 그는 별로 가치가 없는 사람이다. 타인의 두뇌에 비친 그 사람의 모습은 부차적이고 파생적이며 우연에 내맡겨진 것이라서 참된 본질과는 간접적으로만 관계 맺을 뿐이다. 대중의 두뇌는 참된 행복이 머물기에 너무 참담한 무대다. 거기서 발견할 수 있는 것이라곤 환영과 같은 행복에 불과하다. 이러한 일반적인 행복의 전당에는 얼마나 잡다한 무리가 모여 있는가!

어떤 사람이 무엇보다 단지 자기 자신을 위해 생각한 것만 진정한 가치가 있을 뿐이다. 일반적으로 사상가는 무엇보다 자신을 위해 사고하는 사람과, 남을 위해 사고하는 자로 분류할 수 있는데, 전자의 사람들이 참된 사상가이며, 단어의 이중적 의미에서 독자적 사고를 하는 사람이다. 그들이야말로 진정한 철학자다. 그들에게 생활의 즐거움과 행복은 바로 사고에 있기에, 그들만이 사물을 진지하게 생각한다. 후자의 사람들은 소피스트들이다. 그들은 그럴듯하게 드러내 보이기를 원하고, 그리하여 세상 사람으로부터 얻기를 기대하는 것에서 행복을 찾는다.

73

지성의 크기는 외적인 성질을 띤 것이 아니라 내적인 성질을 띠고 있다. 따라서 지성은 수많은 사람과 의연히 맞설 수 있고, 수천 명의 바보가 집회를 열어도 사람을 겁주지 못한다.

74

물질계의 빛에 해당하는 것이 의식의 내부 세계에서는 지성이다. 대담한 은유로는 심지어 이렇게 말할 수 있을지도 모른다. 생명이란 알다시피 하나의 연소 과정이고, 그 과정에서 일어나는 빛의 발생이 지성이다.

75

민족성보다 훨씬 중요한 것은 개성이다. 한 사람이 지닌 민족성에 비해 개성이 천 배 이상 고려할 가치가 있다. 민족성이란 집단을 일컫는 것이므로 솔직히 말해 결코 좋은 평판을 많이 듣지 못할 것이다. 오히려 인간의 편협함, 불합리함, 열등함이 나라마다 형태를 바꿔 나타날 뿐으로, 이러한 것이 바로 민족성이라 불린다.

습득한 지식을 자신만의 생각으로 소화해야 한다

76

학자의 공화국에서는 정치적 국경이 자연지리학에서와 마찬가지로 그다지 중요하지 않다.

77

모든 이해하기는 상상하는 행위이다.

78

독서로 일생을 보내고 여러 가지 책에서 지혜를 얻은 사람은 여행기를 읽고 어느 나라에 관한 지식을 얻은 사람과 같다. 이런 사람은 많은 정보를 줄 수는 있지만, 엄밀히 말하면 그 나라의 사정에 대한 일목요연하고 분명하며 철저한 지식을 갖고 있지는 못하다. 이와 반대로 일생을 사고하며 보낸 사람은 직접 그 나라에 갔다 온 사람과 같다. 이런 사람만이 그 나라의 실제 모습을 알고 있고, 그곳의 문제를 일목요연하게 꿰뚫고 있으며, 진정으로 그곳 사정에 정통하다.

79

아무리 장서藏書가 많더라도 정리되어 있지 않은 도서관은 책의 수는 얼마 되지 않아도 정리가 잘된 장서만큼 효용이 없다. 지식도 이와 마찬가지다. 아무리 풍부한 지식이라도 자신의 사고로 철저히 다듬은 지식이 아니라면 양은 훨씬 적어도 다양하게 숙고한 지식만큼 가치가 없다. 알고 있는 지식을 모든 방면으로 조합하고, 모든 진리를 다른 진리와 비교해야 비로소 자신의 지식을 완전히 자기 것으로 하고, 그 지식을 자기 마음대로 할 수 있다. 알고 있는 것만 면밀히 숙고할 수 있는 것이다. 그러니 우리는 무언가를 배워야 한다. 그런데 이 중에서 면밀히 숙고한 것만 정말로 안다고 할 수 있다.

양심이란 자신의 행동 방식에서 발생하여, 자신을 점점 친밀히 알게 되는 것이다.

나그네가 앞으로 걸어갈 때 사물은 멀리서 보았을 때와 다른 모습이고, 가까이 다가갈수록 변하듯이 인생도 이와 마찬가지다. 특히 소망이 그와 같다. 때로는 우리가 추구하던 것과 다른 것, 즉 더 나은 것을 발견하기도 한다. 때로는 추구하던 것 자체를 처음에 잘못 접어든 길과 완전히 다른 길에서 발견하는 경우도 있다. 특히 향락, 행복, 기쁨을 추구하다가 그 대신 교훈, 통찰, 깨달음을, 다시 말해 덧없고 겉만 번지르르한 재화 대신 영속적이고 진정한 재화를 얻는 경우도 더러 있다.

이런 의미에서 연금술사가 단지 황금을 얻으려고 하다가 화약과 도자기, 의약품과 자연법칙까지도 발견했듯이 우리의 사정도 그와 같다고 할 수 있다. 훌륭하고 고상한 인물이라면 운명이 주는 교육을 이내 깨닫고 감사하는 마음으로 유연하게 순응할 것이다. 다시 말해 그들은 세상에서 교훈은 얻을 수 있을지 몰라도 행복은 얻을 수 없음을 깨달을 것이다. 그에 따라 희망을 버리고 깨달음을 얻는 데 익숙해지고 만족한 나머지, 결국 페트라르카처럼 이런 말을 한다.

"나는 배우는 것 말고는 다른 어떤 행복도 느끼지 못한다."

— 『트리온포 다모레』

82

이성은 예언자로도 불릴 만하다. 즉 이성은 현재 행동에 대한 미래의 결과이자 작용으로서 미래의 전망을 우리 앞에 제시한다. 바로 그런 까닭에 이성은 쾌락의 욕구나 분노의 폭발, 탐욕 등이 미래에 분명 후회하게 될 일을 하도록 잘못 이끌 때 우리를 제어하기에 적합하다.

83

모든 독창적 사유는 이미지 속에서 일어난다.

84

행복이나 불행과 관련한 모든 일에 상상을 억제해야 한다. 무엇보다 공중누각을 쌓아서는 안 된다. 그것을 쌓아 올리자마자 한숨을 쉬면서 다시 허물어뜨려야 함으로 그 대가

가 너무 크기 때문이다. 하지만 그보다는 단순히 일어날지도 모르는 재난을 눈앞에 떠올리며 미리 불안해하지 않도록 해야 한다. 다시 말해 이러한 재난이 전적으로 근거 없는 일이거나 전혀 사리에 맞지 않는 일이라면 우리는 그런 꿈에서 깨어나면서 모든 것이 속임수에 불과했음을 즉시 알아채고는, 때문에 아직은 현실이 더 낫다는 사실에 더욱 기쁨을 느낄 것이다. 한편 그런 사실에서 먼 훗날 혹시 있을지도 모르는 재난에 대비하라는 경고를 얻어낼 수는 있을 것이다.

하지만 우리가 음산한 상상에 휩쓸리면 좀처럼 떨쳐버릴 수 없는 영상이 달라붙게 된다. 일이 일어날 가능성이 대체로 확고하다 하더라도, 가능성이 어느 정도인지를 언제나 제대로 평가할 수는 없다. 그러나 일의 가능성은 쉽게 개연성이 되어 우리는 불안의 포로가 되어버린다. 그 때문에 행복이나 불행과 관련되는 일을 이성과 판단력의 눈으로 보아야 하며, 따라서 있는 그대로 냉정하게 숙고하여 단순히 개념을 통해 추상적으로 고찰해야 한다. 이때 상상력은 동원하지 않는 것이 좋다. 상상력은 판단을 돕는 것이 아니라 쓸데없이, 때로는 매우 곤혹스럽게 마음을 움직이는 단순한 영상만을 눈앞에 보여주기 때문이다. 이 원칙은 밤에 가장 엄격히 지키는 것이 좋다. 어둠이 우리를 소심하게 만들어서 어디서나 무서운 형상이 보이게 하듯이, 모든 불확실함은 불안을 낳기 때문에 사상의 불명확함도 이와 유사한 작용을 한다.

밤이 되어 심신의 이완으로 분별력과 판단력이 주관적인 어두움에 싸이고, 지성이 지친 나머지 냉정함을 잃어 사물의 근원을 규명할 능력이 없어지면, 우리가 사유하는 대상도, 특히 그것이 신변에 관계될 경우 자칫하면 위험한 모습을 띠고 무서운 형상으로 보이는 것이다. 이런 현상은 정신이 완전히 이완되고 판단력이 자신의 업무를 더 이상 수행하지 못하지만 상상력은 아직 활동 중인 밤의 잠자리에서 가장 많이 일어난다.

85

남에게 사기당해 빼앗긴 돈이 가장 유용하게 쓴 돈이다. 빼앗긴 대신 곧바로 현명함을 얻기 때문이다.

86

직접적인 현실성은 자신의 의식에 제약받는다. 그러므로 인간 개인의 실재하는 현존은 무엇보다 그의 의식 속에 있다.

활기차고 철저하고 가치 있는 생각이 발생하는 것은 외적인 조건보다도 유리한 내적인 조건의 결과이다.

우리는 사로잡힌 코끼리가 여러 날 동안 무섭게 미쳐 날뛰고 몸부림을 치다가 그래봤자 아무 소용 없음을 알고는, 갑자기 다소곳이 목덜미에 멍에를 매고 쭉 길들여진 상태로 있는 신세와 같다. 수많은 사람이 불구의 몸, 가난, 낮은 신분, 추한 모습, 못마땅한 거주지와 같은 무수한 불행을 전혀 아무렇지도 않다는 듯 감내하고, 다 나은 상처처럼 전혀 느끼지 않는 것은 아무것도 바꿀 수 없음을 알고 있기 때문이다.

우리의 좋은 특성이나 강점과 마찬가지로 약점과 결점도 분명히 인식한 상태에서 목적을 설정해야 한다. 그리고 이룰 수 없는 것들을 받아들이면 우리는 모든 고뇌 가운데 가장 쓰라린 고뇌, 즉 자기 자신에 대한 무지와 그릇된 자부심, 불손함에서 생기는 '자기 자신'에 대한 불만에서 확실히 벗어난다.

값진 대상에 대한 진지하고 좋은 생각은 언제나 주문처럼 마음대로 불러올 수 없다. 우리가 할 수 있는 것은 모든 무가치하고 천박하며 평범한 되새김질을 제거하고 온갖 어리석고 시시한 생각을 외면함으로써 좋은 생각을 할 수 있도록 길을 터주는 일이다. 따라서 무언가 분별 있는 것을 생각하기 위해서는 몰취미한 것을 생각하지 않는 것이 가장 효과적인 수단이라고 말할 수 있다. 좋은 생각을 하려는 계획을 세우지 않도록 하라. 그러면 생각이 찾아올 것이다. 바로 그러하니 할 일이 없는 순간에 즉시 책을 집어 들지 말고 조용한 시간을 갖도록 하라. 그러면 좋은 생각이 쉽게 떠오를 것이다.

자신의 고유하고 참된 사상을 가진 자만이 참된 문체를 갖는다.

악서는 많이 읽게 되지만, 양서는 자주 읽지 못하는 법이다. 악서는 정신의 독약이라서 정신을 파멸시킨다.

양서를 읽기 위한 조건은 악서를 읽지 않는 것이다. 인생은 짧고 시간과 힘은 한정되어 있기 때문이다.

우리의 독서법에서 보자면 읽지 않는 기술이 극히 중요하다. 그 기술이란 늘 곧장 더 많은 독자의 관심을 끄는 작품을 그 때문에라도 손에 쥐지 않는 데에 있다. 가령 곧바로 독서계에 물의를 일으키고 출판되는 해에 몇 판을 찍고 그것으로 끝나는 정치적 팸플릿, 문학 팸플릿, 소설, 시 따위를 사 보지 말아야 한다. 오히려 항시 얼마 안 되더라도 일정 시간을 독서에 할애해, 모든 시대와 민족을 막론하고 나머지 인류보다 위대하고 탁월한 정신의 소유자라서 그 자체로 명성이 자자한 작가가 쓴 작품만을 읽도록 하라. 이런 작품만이 정말로 교양과 가르침을 준다.

92
—

우리는 그저 의지대로 독자적으로 사고할 수 있는 것은 아니므로 그 문제에 약간 애로 사항이 있다. 언제든지 책상에 앉아 책을 읽을 수는 있지만, 생각은 그렇게 할 수 없다. 다시 말해 생각도 사람과 마찬가지라서, 언제든지 마음대로 불러낼 수 있는 것이 아니라, 그것들이 이제나저제나 오기를 기다려야 한다.

이성은 다른 방법으로 받아들인 것을 다시 인식 앞에 제시하는 것이므로, 이성은 사실 인식 작용을 확대하는 것이 아니라 다른 형태를 부여할 뿐이다. 말하자면 이성은 직관적이고 구체적으로 인식된 것을 추상적이고 보편적으로 인식하는 것이다. 이렇게 표현하면 아무것도 아닌 듯 보일 수도 있지만 실은 대단히 중요한 사실이다. 인식한 모든 것을 확실히 보존하고 전달하여, 실제적인 문제에 확실하고 광범위하게 적용하는 것은 그 인식이 하나의 '지식', 즉 하나의 추상적인 인식이 되었기 때문이다.

감성과 지성은 사실 그때마다 하나의 대상만 파악할 수 있으므로, 직관적 인식은 언제나 개별적인 경우에만 적용되고, 가장 가까운 것에만 향해 있으며 그것에 머물러 있다. 그러므로 지속적이고 복잡하며 계획적인 행위는 원리로부터, 즉 추상적인 지식에서 출발해 그것에 의해 인도되어야 한다. 그리하여 예컨대 지성이 원인과 결과의 관계에 대해 갖는 인식은 그 자체로는 추상적으로 생각할 수 있는 것 이상으로 훨씬 완전하고 심오하며 철저하다.

엄밀히 말하면 자신의 기본 사상에만 진리와 생명이 깃든다. 우리는 그 기본 사상만을 제대로 온전히 이해하기 때문이다. 독서로 얻은 남의 생각은 남이 먹다 남긴 음식이나 남이 입다가 버린 옷에 불과하다.

마음속에서 일어나는 독자적인 생각과 책에서 읽은 남이 생각한 것의 관계는 마치 봄에 꽃 피어나는 식물과 화석이 되어버린 돌멩이 속 식물의 관계와 같다.

인식능력은 감수성에 달려 있다. 정신적 감수성이 우세하면 인식 작용을 본질로 삼는 향유, 이른바 정신적 향유가 가능해지며 더구나 정신적 감수성이 우세할수록 정신적 향유는 그만큼 커진다.

정상적이고 평범한 사람은 어떤 일이 그의 의지를 자극해서 개인적 관심을 유발할 때 그 일에 강렬한 관심을 가질 수 있다. 하지만 어떤 종류의 의지든 끊임없이 자극을 받으면 고통스럽기 마련이다. 반면 의지를 일부러 자극하는 수단이 있는데 그것이 카드놀이이다. 더구나 그것은 극히 사소한 재미를 주면서 지속적이고 심각한 고통을 일으키지 않고 순간적이고 가벼운 고통만을 일으키므로, 단순히 의지를 간질이는 것으로 볼 수 있다. 어디서든 상류사회에서 흔히 하는 일이 이 카드놀이다.

반면에 정신력이 압도적으로 우세한 사람은 의지를 전혀 개입시키지 않고 단순히 인식만으로도 매우 강렬한 관심을 가질 수 있고, 다시 말해 그런 관심이 필요하기도 하다. 그런데 그는 이런 관심을 가짐으로써 본질적으로 고통과는 전혀 무관한 영역으로, 말하자면 '마음 편히 살아가는 신들'(호메로스 『일리아드』)의 분위기로 옮겨간다. 평범한 사람들은 일신의 안녕과 관계되는 사소한 이해관계에 얽매여 그로써 온갖 종류의 보잘것없는 것을 추구하며 어리석게 살아간다. 그 때문에 그들은 그런 목적의 추구가 뜻대로 되지 않아 자신의 원래 상태로 되돌아가게 되면 감내할 수 없는 무료감에 사로잡힌다.

96

이성을 실천적인 것에 적용하면 이성은 맨 먼저 단순히 직관적인 인식의 조각난 부분들을 다시 통합하는 일을 한다. 그리고 이 이성이 제공하는 대립을 서로에 대한 교정의 기회로 이용함으로써 객관적으로 올바른 결과가 얻어지게 한다. 예컨대 어떤 사람의 나쁜 행위를 보면 그자를 비난할 것이다. 반면에 그런 일을 할 수밖에 없는 그의 곤궁함을 보게되면 사람들은 그를 동정할 것이다. 이성은 이성에 부수된 개념들을 이용하여 양자를 고려한다.

97

일단 철저한 인식과 자기 확신을 얻으면 그것을 발언할 힘이 결코 부족하지 않을 것이다.

98

농작물이 자라는 땅의 뒷맛을 남기지 않는 농작물이 가장 좋은 것이듯, 인식 작용은 의지로부터 벗어날수록 더 순수하며, 더 객관적이고 올바르다.

99

우리가 순수한 인식 상태를 고수하면 숭고한 정신이 뚜렷히 드러난다.

100

연구자의 시선은 내면을 향해야 한다. 지적이고 윤리적인 문제가 자연적인 문제보다 더 중요하기 때문이다.

101

자기 자신을 이런저런 데로 유도하기 위해서는 다른 많은 경우와 마찬가지로 자기 강제가 필요하다. 이를 위해 숙고 능력을 키워 누구든 외부에서 가해지는 많은 커다란 강제를 견뎌내야 한다. 살다 보면 그런 강제는 피할 도리가 없다. 적절한 자리에 조그만 자기 강제를 가하면 나중에 외부의 많은 강제를 예방할 수 있다.

외부로부터 가해지는 강제를 피하려면 무엇보다 자기 강제 방법을 쓰는 것이 가장 좋다. "모든 것을 네게 복종시키려면 우선 너 자신이 이성에 복종하라!"(세네카 『서간집』)라는 세네카의 말은 바로 그런 사실을 말해준다. 또한 우리는 언제라도 자기 강제를 적당히 조절할 수 있으며, 극단적인 경우나 우리의 가장 예민한 문제와 관련되는 경우 약간 느슨하게 할 수도 있다. 반면에 외부에서 가해지는 강제는 가차 없고 인정사정없으며 무자비하다. 그 때문에 외부에서 강제가 가해지기 전에 자기 강제로 선수를 치는 것이 현명하다.

통찰력을 얻기 위해 공부하는 사람에게 책과 연구는 인식의 정상에 오르기 위한 사다리의 디딤판에 불과하다. 디딤판을 딛고 한 발짝씩 올라서자마자 그는 그것들을 내버려둔다. 반면에 자신의 기억을 채우기 위해 공부하는 많은 사람은 사다리의 디딤판을 오르기 위해 이용하지 않고, 사다리에서 떼어 내서 짐을 지고 올라가는데, 그 짐의 무게가 늘어나는 것을 기뻐한다. 그들은 자신들이 짊어져야 할 것을 짊어지고 있으므로 아래로 내려와서 그 짐을 언제까지나 지고 다닌다.

우리 이전의 사상가들이 이미 자신과 무관하게, 그리고 자신도 모르는 사이에 스스로 발견한 것들은 대단히 가치 있고 유익하다. 스스로 '생각한' 것을 '습득한' 것보다 훨씬 더 철저하게 이해하기 때문이다. 그리고 나중에 이전의 사상가들에게서 그것을 발견해 공인된 외부 권위자로부터 예기치 않게 그 진리에 대한 강력한 확인을 받으면, 모든 반박으로부터 그것을 방어할 확신과 확고함을 얻게 된다.

반면 책에서 먼저 무언가를 발견한 다음 자신의 성찰을

통해 같은 결과를 얻으면, 단순히 앞서간 사람들을 앵무새처럼 따라 하거나 모방한 것이 아니라 스스로 생각하고 판단했다는 사실을 결코 확신할 수 없다. 두 사람이 각자 따로 계산하여 같은 결과를 얻으면 이것은 확실하지만, 한 사람의 계산을 다른 사람이 단순히 죽 읽었을 때는 그렇지 않다.

104

근대의 역사가들은 몇몇 소수를 제외하면 대부분 "쓰레기통이나 헛간이 아니면, 기껏해야 주된 사건이나 국가적 사건만"(괴테의 『파우스트』 제1부 582~583쪽)을 서술한다. 그러므로 인류를 그의 내적 이념, 즉 모든 현상과 발전에 동일한 본질인 인류의 이념에 따라 인식하려는 자에게 불후의 대작가들의 작품은 역사가들이 할 수 있는 것 이상으로 훨씬 충실하고 분명한 상을 내보일 것이다. 역사가 중 최고라는 사람들조차 작가로서는 일급에 미치지 못하고 자유롭게 붓을 놀리지 못하기 때문이다. 이러한 점에서 작가와 역사가의 관계를 다음 비유에 의해서도 해명할 수 있다. 자료에 따라서만 작업하는 단순하고 순수한 역사가는 수학에 대한 아무런 지식 없이, 우연히 발견된 도형으로부터 이 도형들의 관계를 측정하고 탐구하는 사람과 같다. 그 때문에 경험에 의해 발견된 측정 자료에는 그려진 도형의 모든 실수가 고스란히 담겨 있다. 반면 작가는 여러 관계를 선험적으로 순수 직관으로 구성하고, 이 관계가 그려진 도형에 실제로 있는 것이 아니라 그려진 것을 지각할 수 있게 하는 이념 속에 있는 것처럼 말하는 수학자와 같다.

아름다운 작품을 느끼는 마음이 필요하다

105

예술의 본질은 외부적 삶을 되도록 조금만 동원하여 내부적 삶을 무척 강하게 움직이는 데에 있다. 내적 삶이야말로 우리의 관심 대상이기 때문이다.

106

태양이 빛남을 보려면 눈이 필요하고, 음악이 들리려면 귀가 필요하듯이, 예술과 학문에서 모든 걸작의 가치 역시 그 작품들과 같은 부류의 성숙한 정신에 의해 결정된다. 오직 그 정신만이 작품에서 마법에 걸린 유령이 활기를 띠어 자기 모습을 드러내는 주문을 소유하고 있다. 평범한 두뇌는 잠긴 마술 캐비닛 앞이나, 연주법을 몰라 조율되지 않은 음만 낼 뿐인 악기 앞에서처럼 그 유령 앞에 서 있다. 같은 유화라도 어두운 구석에서 보았을 때와 햇볕이 비치는 곳에서 보았을 때 느낌이 다르듯이, 같은 명화라도 그것을 파악하는 정신적 능력에 따라 느낌이 달라진다. 따라서 실제로 현존하고 살아 있으려면 아름다운 작품을 느끼는 마음이 필요하다.

107

예술 작품에 대한 기본 사상의 발생을 구상이라고 부르는 것은 매우 적절하다. 인간의 발생에 생식이 그렇듯이, 구상은 가장 본질적인 요소이기 때문이다. 그리고 생식과 마찬가지로 구상에는 시간뿐만 아니라 계기와 분위기도 필요하다.

그리고 자연에서 생식의 경우와 마찬가지로 번식력은 남성보다 여성에게 훨씬 더 많이 의존한다. 여성(주체)이 임신에 적합한 분위기에 있다면, 그의 인식 안에 있는 거의 모든 물체는 그에게 말을 걸기 시작할 것이고, 말하자면 활기차고 통찰력 있으며 독창적인 생각을 낳게 할 것이다. 따라서 때로는 사소한 대상이나 사건을 바라보는 것이 위대하고 아름다운 작품을 낳는 싹이 되기도 했다.

108

고전을 읽는 일보다 정신에 더 큰 상쾌함을 주는 일은 없다. 고전을 손에 쥐자마자, 단 30분만 지속될지도 모르지만, 사람들은 즉시 상쾌함과 홀가분함, 정화되고 고양되며 강화된 느낌을 받는다. 이는 마치 바위틈의 신선한 샘물을 맛본 것과 다르지 않다.

109

문체는 정신의 관상이다. 정신의 관상은 신체가 주는 인상 이상으로 진실하다. 타인의 문체를 모방하는 것은 가면을 쓰고 다니는 것과 같다. 가면은 아무리 아름답더라도 생명이 없으므로 곧 식상해지고 견딜 수 없게 된다. 그러므로 아무리 못생겼다 해도 생기 있는 얼굴이 가면보다는 낫다.

잔뜩 허세를 부린 문체는 인상을 찌푸린 사람에 비유할 수 있다. 사람들이 쓰는 언어는 국가의 관상이다. 언어는 그리스어에서부터 카리브해 연안의 언어에까지 큰 차이를 보인다.

자신의 글에 드러나는 문체상의 결함을 피하려면 타인

의 글에 드러나는 문체상의 결함을 간과해서는 안 된다.

110

음악은 어디에서나 이해할 수 있는 보편적이고 진실된 언어다.

111

모든 음악은 이루 말할 수 없는 내적 깊이 때문에 그토록 친근하면서도 영원히 먼 낙원으로서 우리 곁을 지나간다. 그토록 이해하기 쉬우면서도 설명하기 어려운 성격은 음악이 우리의 가장 내적인 본질에 있는 모든 동요를 재현하지만, 전혀 현실감 없이 현실의 고통으로부터 멀리 떨어져 있음에 기인한다.

음악의 언어가 얼마나 내용이 풍부하고 의미심장한 것인지는 심지어 다 카포Da capo(처음부터 다시 한번) 말고도 반복 기호를 보아도 알 수 있다. 그 반복 기호는 언어예술 작품이라면 견딜 수 없는 일일지도 모르지만, 음악의 경우에는 아주 합목적적이고 유쾌한 것이다. 음악이 말하려는 것을 온전히 파악하려면 그것을 두 번 들어야 하기 때문이다.

우리는 자연과 음악을 동일한 언어의 두 가지 다른 표현으로 볼 수 있다. 세계의 표현이라 할 때, 음악은 가장 높은 수준의 공용어이다.

일반적으로, 또 동시에 대중적으로 말하자면 감히 다음과 같은 발언을 할 수 있다. 음악은 멜로디이며, 세계는 그 멜로디를 바탕으로 한 텍스트다.

개념이란 우선 직관에서 추상된 형식, 말하자면 사물에서 알맹이를 끄집어낸 외피만을 포함하고 있을 뿐이므로 전적으로 본질적인 추상물인 반면, 음악은 모든 형태에 선행하는 가장 내적인 핵심 또는 심장이다. 개념이란 개별 사물의 뒤에 있는 보편이지만, 음악은 개별 사물에 선행하는 보편을 제공한다.

음악이 주는 영향은 다른 예술이 주는 영향보다 훨씬 더 강렬하고 침투적이며, 더 필연적이고 확실하다. 왜냐하면 다른 예술은 그림자만을 말하지만, 음악은 본질을 전달하기 때문이다.

116

철학뿐 아니라 아름다운 예술 역시 기본적으로 현존의 문제를 해결하려고 노력한다. 순수하게 객관적인 세계 고찰에 몰두하는 모든 정신 속에는 은폐된 채 무의식적으로 일어났을지는 몰라도 사물, 삶과 현존의 참된 본질을 파악하려는 노력이 활기를 띠기 때문이다.

'삶이란 무엇인가?'

이 질문에 대해 모든 참되고 성공한 예술 작품은 그 나름대로 완전히 올바로 대답한다. 하지만 예술은 추상적이고 진지한 반성의 언어가 아니라 모두 다만 순진하고 어린애다운 직관의 언어를 말할 뿐이다.

그러므로 모든 예술 작품, 즉 모든 회화, 조각상, 시, 무대 장면은 그 질문에 직관으로 대답한다. 특히 음악은 직접적으로 이해되지 않는 언어로 말하면서, 다른 모든 예술보다 더 심오하게 대답한다. 음악의 언어는 이성으로는 옮길 수 없으나 모든 삶과 현존의 가장 내적인 본질을 말한다.

직관은 그 자체로 충분하다. 따라서 순수하게 직관에서 비롯하고 직관에 충실하게 남아 있는 것은 참된 예술 작품과 마찬가지로 결코 그릇될 수 없을뿐더러 시간에 의해 반박될 수 없다. 그것은 견해가 아니라 사물 그 자체die Sache selbst 이기 때문이다.

시대를 막론하고 예술은 물론 문학에서도 그릇된 주의나 방식 또는 작풍이 유행하고 경탄받는다. 천박한 두뇌의 소유자들은 그런 것을 받아들이고 익히려고 열심히 노력한다. 통찰력 있는 자는 그런 사실을 인식하고 경멸한다. 그는 유행을 따르지 않는다. 그러나 몇 년 후에는 대중도 진상을 파악해 현재의 유행을 바보짓이라 인식하고 그것을 비웃는다.

질 나쁜 석고 세공품으로 장식된 벽에서 회칠이 벗겨져 나가는 것처럼 매너리즘에 빠진 모든 작품에 발라진 질 나쁜 분가루가 떨어져 나간다. 이처럼 작품을 벽에 비유할 수 있다. 오랫동안 은밀히 영향을 미치는 그릇된 주의가 결정적인 입지를 얻어 크고 분명한 발언권을 얻더라도 화내지 말고 기뻐해야 한다. 그 후 사람들은 그 주의의 그릇된 점을 곧 느끼고 인식해서, 결국 마찬가지로 크고 분명하게 말할 것이기 때문이다. 이는 고름이 터지는 원리와 같다.

119

자기 생각의 원천이 막혔을 때만 책을 읽어야 한다. 반면에 책을 손에 들고 자신의 힘찬 생각이 일어나는 것을 저지하는 것은 성스러운 정신에 맞서는 죄악이다.

120

아름다운 것에 대한 미적 기쁨은 우리가 순수한 사색의 상태에 접어들면 그 순간 모든 의지 즉 모든 욕망과 걱정으로부터 벗어나, 다시 말해 그 자신에서 벗어나 순간적으로 자유로워진다는 데에서 생긴다. 그리고 의지의 격렬한 충동에서 해방되어 무거운 지상의 대기에서 떠오르는 순간이 우리가 알고 있는 가장 축복받은 순간임을 안다. 이런 사실에서 우리는 아름다움을 즐길 때처럼 인간의 의지가 순간적으로 진정되는 것이 아니라 영원히 진정되는, 그러니까 이 신체와 더불어 마지막으로 이글거리는 불씨마저 완전히 소멸되는 인간의 삶이 얼마나 축복받은 것인지 추측할 수 있다.

그 자신의 본성과 수많은 쓰라린 투쟁을 거친 뒤 결국 완전히 극복하는 인간은 순수하게 인식하는 존재로서만, 세계를 맑게 비추는 거울로서만 남아 있다. 그는 더 이상 아무것에도 불안해하거나 동요하지 않는다. 그는 이 세상에 우리를 묶어두고 지속적인 고통에 시달리게 하면서, 욕망, 두려움, 질투, 분노로서 이리저리 휩쓸리게 하는 의욕의 온갖 수천 가지 실마리를 끊어버렸기 때문이다. 그는 이제 조용히 미소를 띠고, 한때 그의 마음마저 동요시켜 괴롭혔으나 이제는 승부가 끝난 뒤의 장기짝처럼, 또는 축제의 밤에 우리를 놀리고 불안하게 한 가장무도회의 복장이 아침에 아무렇게나 내던져져 있는 것처럼, 그의 앞에 아무렇지도 않은 것으로 존재하는 이 세상의 환영幻影을 차분하게 미소 지으며 되돌아본다.

삶과 그 모습은 덧없는 현상처럼, 이미 꿈에 현실의 햇살이 새어 들어와 더는 그를 속일 수 없는, 반쯤 깨어난 사람의 가벼운 아침 꿈처럼 그의 눈앞에 어른거릴 뿐이다. 또 이 꿈과 마찬가지로 삶의 모습도 급기야는 무리한 변천을 거치지 않고 사라져 버린다.

4

회복은
자연의 산물이다

*

**자연의 목소리 속에 있는
세계의 중심**

자연은 인간의 의지를 빛으로 끌고 간다

121

살아 있는 모든 존재 속에 세계의 전체 중심이 있다.

122

아무리 작은 곤충이라 하더라도 의지는 완전하고 온전히
존재한다. 곤충은 인간처럼 단호하고 완전하게 자신이 원
하는 것을 행하려고 한다.

123

모든 인간의 얼굴에는 완전히 근원적이고 전적으로 본원적
인 면이 담겨 있으며, 그것이 하나의 전체성을 보여준다. 우

리는 어떤 잘 아는 사람을 오랜 세월이 지난 후에도 다시 알아본다. 이런 사실에서 본질적인 통일성과 독창성은 자연 내부의 비밀스러운 심층에서 비롯함을 의심할 수 없다.

124

구원에 이르는 유일한 길은 의지가 자신의 본질을 인식할 수 있도록 아무 방해도 받지 않고 나타나는 것이다. 스스로에 대한 깨달음의 결과로만 의지는 그 자신을 파기할 수 있고, 의지와 떼어놓을 수 없는 고뇌도 끝낼 수 있다. 그러나 이것은 태아를 파괴하거나 신생아를 죽이거나 자살하거나 하는 물리적인 힘을 통해서는 불가능하다. 의지는 빛에 비추어져야만 구원을 얻을 수 있기에 자연은 바로 그 의지를 빛으로 이끌고 간다. 따라서 자연의 내적 본질인 삶의 의지가 결정된다면 모든 면에서 자연의 목적을 확장하는 것과 같다.

자살자는 삶을 원하지만 자신이 처한 삶의 여러 조건에 만족하지 못할 뿐이다. 따라서 그는 결코 삶의 의지를 포기하지 않고, 개별적인 여러 현상을 파괴하면서 단지 삶만을 포기한다. 그는 삶을 의욕하고, 신체의 방해받지 않는 현존과 긍정을 원한다. 하지만 사정이 꼬여 이것이 허락되지 않고, 그래서 그에게 커다란 고뇌가 생겨난다.

125

본능적으로 우리는 걱정보다 희망 쪽으로 훨씬 기울어지는 경향이 있다. 이는 우리 눈이 어둠 쪽을 향하지 않고 저절로 빛을 향하는 것과 마찬가지다.

126

직관적인 응시는 동물적 본성과 떼어 놓을 수 없는 근원적인 인식 방식이다. 응시는 의지에 즉각적인 만족을 주며 현재, 향유, 기쁨의 매개체이다. 사유는 그 반대이다. 또한 응시에는 노력이 필요 없다.

127

삶과 꿈은 말하자면 책 한 권의 낱장들이다.

128

아름다운 경치를 보고 기쁨을 느끼는 것은 자연의 진실과 일관성 덕택이다. 자연의 모든 것은 일관성 있고, 규칙적이고, 의심의 여지 없이 옳다. 여기에는 아무런 술수가 없다.

아름다운 자연을 보는 이러한 특별한 의식에서 우리는 무엇보다 조화로운 인상이 주는 충족감을 설명할 수 있다. 하지만 그런 다음 그 인상이 우리 생각에 미치는 유익한 영향도 설명되어야 한다. 뇌는 자연을 통해 새로운 활기를 얻고 생각의 과정은 일관성, 연관성, 규칙성과 조화 속에서 자연의 방법을 준수하려고 한다. 따라서 아름다운 경치는 음악과 마찬가지로 정신의 정화 작용이다. 그리고 그러한 정화 작용이 일어나는 가운데 인간은 가장 올바로 사유할 수 있다.

129

인간을 제외하면 어떤 존재도 자신의 현존에 대해 궁금해하지 않는다. 자신의 현존은 그들 모두에게 너무나 자명하다. 동물의 평온한 시선은 자연의 지혜를 말해준다. 그들에게 의지와 지성은 그들이 다시 만날 때 서로에 대해 놀라워할 정도로 멀리 나아가지 않기 때문이다. 모든 현상은 자신이 생겨난 자연의 몸통에 단단히 달라붙어 있으며, 위대한 자연의 무의식적인 전지전능함을 나눠 갖는다.

130

우리는 자기가 기르는 가축을 바라보며 즐거움을 얻을 수 있는데, 이는 동물이 현재에 완전히 몰두하기 때문이다. 다시 말해 동물은 현재의 화신이므로, 우리에게 아무런 걱정 없이 해맑게 살아가는 매 순간의 가치를 어느 정도 느끼게 해준다. 반면에 우리는 그 순간을 중시하지 않는다. 이기적이고 냉혹한 인간은 우리보다 더욱 단순한 생존에 만족을 느끼는 동물의 이 같은 특성을 악용하여, 때로는 동물이 아무것도 없이 그냥 알몸뚱이 상태로만 살아가게 할 정도로 동물을 착취하기도 한다. 인간은 세계의 절반을 훨훨 날아다녀야 하는 새를 조그만 새장 안에 가두어 키우는데, 새는 그 안에서 점점 죽음을 그리워하며 이렇게 외친다.

"새장 속의 새는 기분이 좋지 않아,
새가 노래하는 것은 기뻐서가 아니라 분노해서 그래."

그리고 인간에게 더없이 충실한 친구이자 그토록 영리한 개를 쇠줄에 묶어두다니! 나는 그런 개를 볼 때마다 마음속으로 동정심을 느끼며 개 주인에게 강한 분노를 느낀다. 나는 몇 년 전《타임스》에 실린 기사를 생각하며 흡족한 기분을 느낀다. 거기에는 쇠사슬에 커다란 개를 묶어둔 어떤 귀족이 한번은 넓은 뜰을 거닐다가 문득 개를 어루만져주고 싶은 생각이 들어서 손을 내밀었더니, 개가 주인의 팔을 덥석 물어버렸다는 내용이 실려 있었다. 그야 당연한 일이 아니겠는가! 개는 이렇게 말하고 싶었을 것이다. "당신은 내 주인이 아니라 나의 짧은 생애를 지옥으로 만든 악마다." 개를 쇠사슬에 묶어두는 자는 누구든 이런 봉변을 당해도 싸다!

131

동물은 우리보다 훨씬 단순한 삶에 만족하고, 식물은 전적으로 만족한다. 인간은 지적 수준이 낮을수록 삶에 만족한다. 그에 따라 동물은 인간보다 삶에 훨씬 적은 고통과 즐거움을 느낀다. 그 이유는 무엇보다 동물은 걱정이나 우려와 그에 따르는 고통을 느끼지 못하고 살아가며, 다른 한편으로 진정한 희망도 없으며, 생각을 통해 즐거운 미래를 예상하거나 그에 따르는 상상력에 의해 행복을 얻는 환영에 사로잡히지 않는다는 의미에서 희망이 없기 때문이다. 인간이 느끼는 가장 큰 즐거움과 쾌락의 원천 대부분은 그러한 환영이다. 동물의 의식은 눈으로 관찰되는 것, 즉 현재에만 한정된다. 동물은 이미 눈앞에 드러나 있는 대상과 관련해서만 때때로 극히 짧은 시간 동안 두려움과 희망을 느낄 뿐이다. 반면에 인간의 의식은 인생 전체를 포괄하거나, 심지어 그것을 넘어서는 지평을 갖고 있다.

하지만 이런 결과 때문에 우리 인간과 비교해 볼 때 동물은 어떤 점에서, 다시 말해 현재를 차분히 온전하게 즐긴다는 점에서 실제로 현명하다. 동물은 현재의 화신이다. 그래서 인간은 마음의 평안을 누리는 동물을 보고 생각이나 걱정으로 자주 불안에 시달리며 만족을 얻지 못하는 자신을 부끄럽게 여기기도 한다. 그런데 심지어 앞에서 말한 희망과 예상을 하는 즐거움은 우리가 아무런 대가 없이 얻는 것이 아니다. 다시 말해 희망과 기대를 통해 미리 만족을 누려 실제적인 즐거움을 맛보게 되면 그만큼 나중에 얻는 즐거움이 줄어든다. 희망이나 소망으로 우리의 만족감이 훨씬 줄어드는 것이다.

동물은 어떤 즐거움을 앞당겨 즐기는 법이 없어 즐거움이 줄어드는 일도 없으므로 현재와 현실 자체를 완전히 그대로 즐길 수 있다. 이와 마찬가지로 재해는 동물에게 현실 그대로의 무게로 다가오지만, 인간은 다가올 재해를 불안한 심정으로 두려워하고 예측하므로 불안감이 열 배는 커지곤 한다.

삶의 의지는 모든 생물의 가장 내적인 핵심이다

132

어떤 자연물, 예컨대 자연 속에서 현존하고 살아가고 활동하는 동물을 바라보고 관찰해보면 동물학과 동물해부학이 가르치는 모든 것에도 불구하고 그들은 규명할 수 없는 수수께끼로 우리 앞에 존재한다. 자연은 단순한 고집 때문에 우리의 질문에 영원히 침묵을 지키고 있는가? 자연은 모든 위대한 것과 마찬가지로 개방적이고 소통적이며 심지어 소박하지 않은가? 자연의 대답은 질문 자체가 왜곡되었거나, 잘못된 전제에 근거하거나, 심지어 모순을 품고 있기 때문 외에 다른 이유로 부족할 수 있을까? 영원히 또 본질적으로 발견되지 않은 채로 남아 있어야 하는 원인와 결과의 연관성이 있다고 볼 수 있을까?

물론 그렇지 않다. 자연을 규명할 수 없는 이유는 우리가 이질적인 영역에서 원인와 결과를 찾고 있으며 따라서 완전히 잘못된 궤도에서 원인과 결과의 연쇄를 따라가기 때문이다.

133

개체는 자연에 아무런 가치도 없고 가치를 만들 수도 없다. 무한한 시간과 공간, 그리고 그 속의 무한한 가능성의 개체들이 자연의 나라이기 때문이다. 자연은 끊임없이 개체를 저버릴 준비가 되어 있다. 개체는 수없이 많은 방식으로 하찮은 우연에 의해 파멸할 운명에 처해 있을 뿐만 아니라 이미 애당초부터 파멸하도록 정해져 있으며, 종족 보존에 봉사한 순간부터 자연에 의해 파멸로 이끌려 가고 있다. 자연 그 자체는 개체가 아닌 이념만이 본래적 실재성을 가지며, 의지의 완전한 객관성이라는 위대한 진리를 나타낸다. 인간은 자연 그 자체이고, 더구나 자의식의 최상위에 있지만, 자연은 삶에의 의지의 객관화에 불과하다.

그러므로 인간이 이 관점을 파악하면 자연의 불멸적인 생명 즉 자신을 되돌아봄으로써 자신과 자기 친구의 죽음에 대해 위로를 얻을 것이다.

134

모든 생물의 가장 내적인 핵심을 구성하는 삶의 의지는 고등 동물, 즉 가장 지능이 높은 동물들에게서 그 본질이 명료하게 목격되고 관찰된다. 이보다 하위 단계의 동물에게서는 의지가 고등 동물처럼 뚜렷이 드러나지 않고 객체화의 정도가 낮기 때문이다. 하지만 그 단계 위의 동물 즉 인간에게서는 이성과 함께 분별심이, 그리고 이와 함께 곧장 그 의지에 베일을 씌우는 위장 능력이 생겨난다. 그러므로 인간의 경우 의지는 흥분과 열정이 폭발할 때만 숨김없이 드러난다.

이런 이유로 열정은 어떤 종류의 것이든 상관없이 발휘될 때마다 언제나 신뢰를 받으며 또 그래야 마땅하다. 열정이 시인의 주된 테마이고 배우의 핵심 전시품인 것도 같은 이유다. 그러나 동물들의 모든 표현에 깃든 완전한 순진함은 우리를 매우 즐겁게 한다. 동물들이 우리를 그토록 흥겹게 해주는 것은 그들의 표현이 완벽하게 순박하기 때문이다.

아무런 방해를 받지 않고 혼자 힘으로 음식을 구하거나, 새끼를 돌보거나, 다른 동료들과 어울려 노는 모든 자유로운 동물을 바라보면 얼마나 독특한 즐거움을 맛볼 수 있는 가. 이 동물들은 온전히 자신이 무엇을 해야 하는지 알고 또 그럴 수 있는 존재이다. 비록 그것이 단지 어린 새 한 마리 라 하더라도 나는 오랫동안 흡족한 기분으로 지켜볼 수 있 다. 그것이 시궁쥐든 개구리든 마찬가지이며 오히려 고슴 도치, 족제비, 노루나 사슴이라면 더욱 그러하다! 동물들의 모습이 우리를 그토록 흥겹게 해주는 주된 이유는 우리 자 신의 본질을 그토록 단순화된 상태로 우리 눈앞에서 보는 것이 즐겁기 때문이다.

세상에는 거짓말하는 존재가 딱 하나 있다. 바로 인간이 다. 그 밖의 모든 존재는 있는 그대로의 모습을 숨김없이 드 러내고, 느낀 그대로를 표현하는 진실함과 솔직함을 지니 고 있다. 특히 야생동물들을 바라보면 항시 내 마음이 부풀 어 오른다. 인간은 옷을 걸침으로써 희화화된 존재가 되고, 흉물스러운 존재가 되어버렸다. 그런 모습은 보는 것만으 로도 역겨움을 자아낸다. 게다가 부자연스러운 하얀 피부, 자연에 거슬리는 육식, 알코올음료, 담배, 방탕한 생활, 질 병 등과 같은 이 모든 역겨운 결과로 인해 그 모습이 더욱 악화한다. 인간은 자연에서 하나의 오점으로서 존재하고 있다!

웃음은 인간의 특권이자 특징적인 모습이다. 하지만 인간의 유일한 친구인 개도 인간과 유사하게 다른 모든 동물보다 우월한 고유의 특징적인 행위를 한다. 말하자면 개는 꼬리를 흔드는 감정 표현을 하면서 호의와 충직함을 보여준다. 본능적으로 행하는 이러한 반가운 인사는 허리 굽혀 인사하고 히죽히죽 웃으며 예의를 차리는 인간과 얼마나 현격한 대조를 이루는가. 친밀한 우정과 복종을 보증하는 신뢰성 면에서 개의 행동은 인간보다 적어도 천 배는 능가한다.

모든 실재에 대한 고찰과 관찰은 관찰자가 새로운 무언가를 발견하자마자 모든 독서와 듣기보다 더 많은 가르침을 준다. 사물의 근원을 규명한다면 모든 실재에는 진리와 지혜, 즉 사물의 궁극적 비밀이 담겨 있기 때문이다. 광석에 금이 꽂혀 있는 것처럼 중요한 것은 금을 뽑아내는 일이다.

객관적인 세계, 즉 표상으로서의 세계는 세계의 유일한 면이 아니라 단지 한 면, 말하자면 세계의 외적인 면일 뿐이며, 세계에는 이와는 전혀 다른 또 하나의 면이 있는데 그것이 세계의 가장 내적인 본질이자 핵심인 사물 자체이다.

138

나는 어떤 들꽃을 발견하고 그것의 아름다움과 모든 부분의 완벽함에 놀라워하며 소리쳤다. "하지만 이 꽃 속의 모든 것이, 이와 같은 수많은 것이 아무런 주목도 받지 못하고, 때로는 누구의 눈에 띄지도 않은 채 화려하게 피어 있다가 시들어버리지." 그러자 꽃이 이렇게 대답했다. "이 바보 같으니! 내가 남들에게 보이려고 꽃이 핀다고 생각하느냐? 다른 자를 위해서가 아니라 나를 위해 꽃이 피는 거야. 내 마음에 들기 때문에 꽃이 피는 거야. 나의 즐거움과 나의 기쁨은 꽃이 핀다는 데에, 내가 존재한다는 데에 있어."

139

사람들 사이에서 살아가야 하는 자는 일단 자연에 의해 정해지고 주어진 것이라면 어떠한 개성도, 그것이 아무리 형편없고 보잘것없거나 가소로운 것이라 해도 배격해서는 안된다. 오히려 그 개성을 현재의 모습 그대로 존재할 수밖에 없는 불변의 것으로 간주해야 한다. 개성이 고약한 경우에는 "그런 괴상한 녀석도 있어야겠지요."(괴테, 『파우스트』 제1부 3483행)라고 생각하면 된다. 그렇게 하지 않으면 상대방에게 도전해 생사를 건 싸움을 거는 셈이다. 상대의 본래적인 개성 즉 그의 도덕적 성격, 인식 능력, 기질이나 인상 등은 아무도 바꿀 수 없기 때문이다.

사람들 사이에서 살아가기 위해서는 누구나 그것이 어떤 모습을 하고 있든 간에 타고난 개성을 견디며 인정해야 하고, 그것의 종류와 특성에 따라 이용할 생각만 하면 된다.

140

자연스러운 지성은 거의 모든 등급의 교양을 대체할 수 있으나, 교양은 자연스러운 지성을 대체할 수 없다.

지성은 의지의 객관화에 속하는 것으로서, 의지로부터 생겨났으므로 오직 의지에 봉사하기 위해 존재한다. 하지만 이러한 봉사는 자연 너머에 있는 것이 아니라 자연 속에 있는 것에만 적용된다. 모든 동물은 먹이를 찾아내고 획득하는 목적을 위해서만 지성을 가지고 있는 것이 명백하며, 지성의 정도 또한 이러한 사실에 따라 규정된다. 인간도 이와 다름없다.

각자 개인은 분열되지 않는 삶의 전체적인 의지, 즉 존재 그 자체로 나타난다. 그리고 소우주는 대우주와 같다. 대중은 각 개인보다 더 많은 의미를 갖고 있지 않다. 윤리는 행위나 성공이 아니라 자발성의 문제이다. 그리고 자발성 자체는 항상 개인 속에서만 일어난다. 그저 개념적으로만 존재하는 국민의 운명이 아니라 개개인의 운명이 도덕적인 결정을 한다. 국민은 사실 단순한 추상적 존재이다. 개인만이 실제로 존재할 뿐이다.

모든 동물, 특히 인간은 이 세상에 존재하고 계속 살아가기 위해서는 의지와 지성 사이에 얼마간의 적합성과 균형을 유지하는 것이 필요하다. 자연이 이 적합성과 균형을 더 정확하고 더 올바르게 맞출수록 인간은 더 쉽고 더 확실하고 더 쾌적하게 이 세상을 헤쳐 나갈 것이다. 단지 올바른 균형점에 가까워지는 것만으로 파멸을 피할 수 있다.

지성의 사명은 의지의 걸음의 등불이자 안내자가 되는 것이다. 그러므로 의지의 내적 충동이 격렬하고 충동적이고 격정적일수록 지성은 그만큼 완전하고 명석해야 한다.

그것은 격렬한 의욕이나 분투, 이글거리는 열정, 광포한 격
정에 미혹되거나 거기에 휩쓸려 무분별과 오류, 파멸에 빠
지지 않기 위해서이다. 의지가 격렬한데 지성이 매우 미약
한 경우 이 모든 일은 불가피할 것이다.

143

가장 내적인 의식의 증언으로 보건대 모든 문제의 관건은
도덕이다. 이 도덕적인 것은 의지의 지향점으로서 오직 개
인에게 있다. 실제로 모든 개개인의 인생행로만이 통일성,
연관성, 참된 중요성을 지닐 뿐이다. 그 인생행로는 교훈으
로 간주될 수 있고 그 교훈의 의미는 도덕적인 의미를 지
닌다.

신체는 스스로 치유하는 기계다

144

내 견해에 따르면 급성 질환은 몇몇 예외를 제외하면 유기체에서 벌어진 무질서를 막기 위해 자연 자체가 도입하는 치료 과정과 다르지 않다.

145

오직 자연 자체와 자연에 의해 이루어진 치유만이 근본이다. 의사들의 치료법은 대부분 그들이 질병이라고 생각하는 증상만을 대상으로 하기 때문에, 우리는 그러한 치료법 이후에도 불편함을 느낀다. 반면 우리가 자연에게 시간을 준다면 자연은 점차 치유를 완수한다. 우리는 병이 나기 전보다 더 나은 상태가 되거나 고통받았던 개별적인 부분이 강해진다. 가끔 찾아오는 가벼운 질환의 경우 이러한 사실을 편안하게 또 위험 없이 관찰할 수 있다. 나는 예외, 즉 의사만이 도움을 줄 수 있는 경우가 있다는 것을 인정한다. 그러나 대부분의 회복은 단순히 자연의 산물인데 의사는 자연이 한 일로 진료비를 받는다.

146

심장은 확장과 수축이라는 복잡한 이중 운동을 하면서 지칠 줄 모르고 격렬하게 고동치고 있다. 28번의 박동으로 대순환과 소순환에 의해 혈액을 몸 전체에 공급한다. 폐는 증기기관처럼 쉬지 않고 펌프 운동을 한다. 장은 연동운동을 하며 계속 꿈틀거린다. 모든 샘은 흡수와 분비작용을 멈추지 않는다. 뇌조차도 맥박과 호흡에 따라 이중 운동을 한다. 하루 종일 앉아서 생활하는 수많은 사람들처럼 외적인 운동이 거의 없는 경우에는 외적인 안정과 내적인 소요 사이에 심하고 해로운 부조화가 발생한다. 내부의 지속적인 운동조차도 외부의 운동을 통해 지원을 받을 필요가 있기 때문이다. 이는 우리의 내부가 감정적 동요로 들끓고 있는데 그것을 외부로 표출하지 못할 때 생기는 부조화와 유사하

다. 나무조차도 무럭무럭 자라려면 바람을 통한 운동이 필
요하다.

운동 없이는 누구도 건강할 수 없다.

신체는 스스로 치유하는 기계다.

수면의 필요성은 뇌수 활동의 강도 즉 의식의 명료성과 정
비례한다.

지능이 높은 동물은 깊이 오래 잔다. 인간들도 두뇌가 양
과 질에서 발전될수록 또 활동적일수록 더 많은 잠이 필요
하다. 어떤 사람이 완전히 깨어 있을수록, 즉 그의 의식이
더 명료하고 더 활발할수록 그에게는 수면의 필요성이 더
커진다. 그래서 그는 더 깊이 오래 잔다. 많은 사유와 힘든
두뇌 활동은 수면의 필요성을 높일 것이다. 근육을 오래 많
이 쓰면 졸린 것도 뇌수가 척수의 숨뇌와 운동성 신경을 통
해 계속 근육을 민감하게 자극한다는 사실로 설명할 수 있

다. 그로 인해 근육은 힘이 고갈된다. 우리가 팔과 다리에서 느끼는 피로의 원래 본거지는 뇌수이다. 마찬가지로 팔다리에서 느끼는 통증도 실제로는 뇌수에서 느끼는 것이다. 뇌수는 운동성 신경뿐 아니라 민감성 신경과도 관계하기 때문이다. 뇌수에 의해 활성화되지 않는 근육, 예컨대 심장 근육은 바로 그 때문에 피로를 모른다. 근육을 많이 쓰는 중이나 쓰고 난 후에 깊은 사유를 할 수 없는 것은 바로 그런 사실로 설명할 수 있다.

150

깊은 잠에 빠졌을 때 모든 인식 작용과 표상 작용은 완전히 활동을 멈춘다. 하지만 생명이 그치지 않는다면 우리 본질의 핵심은 결코 중지해서는 안 된다. 또한 그 핵심은 형이상학적인 것으로도, 따라서 비육체적인 것으로도 휴식이 필요하지 않다.

151

단순히 식물적인 생명 활동만 지속되는 수면 중에 의지는 외부의 방해를 받지 않고, 뇌수의 활동과 인식의 노력에 의해 힘이 약해지지 않으며 원래의 근원적인 본성에 따라 홀로 활동한다. 그러나 이는 유기체로서 단순히 수단이지 목적이 아니다. 수면 중에 의지의 모든 힘은 유기체를 보존하고, 필요한 경우 유기체를 수선하는 일을 한다. 따라서 모든 치유, 모든 고마운 위기는 수면 중에 일어난다.

152

불면증은 우려할 만한 증상이다. 이때 매일 두 시간씩 혼자 빠른 속도로 산책하는 것이 중요하다. 광천 목욕 이상으로 도움이 될 것이고 아무런 비용이 들지 않는다.

153

나는 건강이 행복에 첫째가는 가장 중요한 요소로서 높은 가치를 지니고 있다고 역설한 바 있다. 그러니 여기서는 건강을 증진하고 유지하기 위한 매우 일반적인 몇 가지 행동 수칙을 말해보고자 한다.

인간은 건강한 동안에 온몸과 신체 각 부위를 잔뜩 긴장시키고 고통을 주어서 온갖 종류의 안 좋은 영향에 저항할 수 있는 습관을 기르도록 몸을 단련해야 한다. 그러나 몸에 병적 상태가 나타나면 즉각 반대되는 조치를 취해서 병든 신체나 그 일부를 어떤 방식으로든 잘 보살피고 돌보아야 한다. 병에 걸려 쇠약해진 몸은 단련시킬 수 없기 때문이다.

근육은 많이 쓸수록 강해지지만 신경은 그럴수록 약해진다. 그러므로 근육은 적당히 긴장시켜 단련해야 하지만, 신경은 결코 긴장하지 않도록 해야 한다. 눈은 밝은 빛, 특히 반사된 빛에 노출되거나 어두운 곳에서 눈을 혹사시켜서는 안 되고 작은 물체를 장시간 보고 있어도 안 된다. 마찬가지로 귀는 너무 강한 소음을 피하고, 특히 뇌는 억지로 지나치게 오랫동안 쓰거나 때 아니게 혹사해서는 안 된다. 따라서 소화하는 동안은 뇌를 쉬게 하는 것이 좋다. 뇌 속에서 사고를 만들어내는 생명력이 미죽糜粥(위산과 섞여 암죽 상태가 된 음식물)과 유미乳糜를 만들어내기 위해 위와 장에서 열심히 일하고 있기 때문이다.

또한 근육을 활발하게 움직이는 동안이나 그 후에도 뇌를 쉬게 하는 것이 좋다. 운동신경과 감각신경은 서로 연결되어 있으므로, 사지를 다쳤을 때 사실 통증을 느끼는 부위가 뇌인 것처럼 걷거나 일하는 것도 팔다리가 아니라 뇌다. 뇌에서 연수와 척수를 거쳐 팔다리의 신경을 자극해 사지를 움직이기 때문이다. 따라서 팔다리가 느끼는 피로도 실은 뇌에서 느끼는 것이다. 피로를 느끼는 것은 마음대로 할 수 있는 근육, 즉 뇌를 운동의 출발점으로 삼는 근육뿐이고, 반면에 심장처럼 자신의 의지와는 상관없이 움직이는 근육은 피로를 느끼지 못한다. 그러므로 근육을 너무 많이 쓰는 동시에 정신적 긴장을 하거나, 두 가지를 잇달아 무리하게 행하기만 해도 뇌가 손상을 받는 것이 분명하다.

155

자연은 갑작스러운 열 손실을 되도록 재빨리 대체하려고 한다. 이 일은 내적인 열원인 호흡 증가에 의해 일어난다. 호흡의 부차적인 결과, 즉 동맥혈의 증가와 정맥혈의 감소는 신경에 직접적인 영향을 미치는 이외에 비교할 수 없을 만치 맑고 명랑하고 순전히 직관적인 기분에 많은 관여를 할지도 모른다. 우리는 냉수 목욕의 직접적인 결과로 그런 기분을 느끼곤 한다. 그리고 날씨가 추울수록 더욱 그런 상태가 된다.

156

견해는 시간과 장소에 따라 달라진다. 그러나 자연의 목소리는 어디서나 늘 한결같으므로 무엇보다도 귀를 귀울여야 한다.

157

일관되게 또 어디서나 자연의 진정한 상징이 원圓인 것은, 원이 귀환의 도식이기 때문이다. 이 귀환은 사실 천체의 운행에서부터 죽음과 유기적 존재의 출현에 이르기까지 모든 것을 관통하는 가장 일반적인 자연의 형식이다. 이를 통해 시간과 그 내용의 쉼 없는 흐름 속에서만 하나의 존재하는 현존재, 즉 자연이 가능해진다.

가을에 곤충들의 작은 세계를 관찰하면, 어떤 곤충은 긴 겨울잠을 자려고 잠자리를 준비하고, 다른 곤충은 번데기가 되어 동면을 하다가 봄이 되면 다시 젊어져 완전한 모습으로 깨어나기 위해 고치를 짓는 모습을 볼 수 있다. 결국 그 대부분은 죽음의 품에서 휴식을 취하려는 곤충들로서 알을 적절한 침상에 조심스럽게 적응시켜, 언젠가 그 알에서 새롭게 빠져나오게 할 뿐이다. 이는 자연이 주는 위대한 불멸의 가르침이다. 그 가르침은 수면과 죽음 사이에는 근본적인 차이가 있는 것이 아니라 두 가지 중 그 어느 것도 현존을 위태롭게 하지 않는다는 사실을 우리에게 가르치고자 한다.

모든 존재는 그 자신의 작품이다. 자연은 모든 존재가 어떤 다른, 바로 자신과 같은 존재에 생명의 불꽃을 붙인 다음 우리 눈앞에서 자기 자신을 만듦으로써 그를 증명한다. 외부에서 재료를 취하고, 자기 자신으로부터 형태와 운동을 취하면서. 이렇게 경험적으로도 모든 존재는 그 자신의 작품으로서 우리 앞에 서 있다.

5

객관적인 목적만을 추구하는
사람만이 위대하다

*
자신과 타인과의 교제에 관하여

현재 내가 가진 것에 집중해야 한다

159

세상을 살아가려면 조심해서 행동하고 아량을 베풀어야 한다. 조심함으로써 손해와 손실을 막을 수 있고, 아량에 의해 다툼과 싸움을 피할 수 있다.

160

올바른 개념으로 인도된 행동은 결과적으로 의도한 현실과 일치할 것이다.

161

우리는 타인을 자기 행동거지의 모범으로 삼아서는 안 된다. 나와 타인의 처지, 상태, 사정이 같지 않고 따라서 두 사람이 같은 행동을 해도 둘은 결코 같을 수 없다. 충분히 숙고하고 날카롭게 통찰한 후에 자신의 성격에 따라 행동해야 한다. 독창성은 실천의 문제에서 필수적이다. 그렇지 않으면 자신이 행하는 일이 있는 그대로의 자신과 어울리지 않는다.

162

은둔적인 생활 방식은 우리의 정서적 안정에 전적으로 유익한 영향을 미친다. 대체로 다른 사람들이 살아가는 모습을 보지 않게 되어, 그들의 이러저러한 견해에 계속 신경 쓸 필요가 없기 때문이다.

163

실제로 좋은 사회는 어디에나 있고, 꼭 필요하며, 무척 제한적이다.

164

작은 일에 가차 없는 사람은 큰일에도 무자비할 것이다. 성격의 작은 특성을 무시하는 사람은 나중에 더 큰 특성을 가진 성격이 자신에게 해를 끼친다는 것을 알게 되면 스스로를 비난해야 한다. 같은 원칙에 따라, 사소한 일로라도 나쁘거나 비열한 성격을 드러낸다면 소위 좋은 친구와도 즉시 헤어져야 한다. 그래야 기회를 엿보며 기다리고 있는 매우 나쁜 속임수를 방지할 수 있다. 배신자들 사이에 있는 것보다는 혼자 있는 것이 더 낫다는 것을 항상 명심하라.

165

우리가 타인의 견해에 가치를 부여하는 것과 그러한 견해에 끊임없이 신경을 쓰는 것은 적당한 정도를 초과하므로, 타인의 태도에 대한 이런 관심은 일반적으로 널리 퍼진 광기 또는 오히려 선천적인 광기의 일종으로 볼 수 있다. 우리는 모든 행동을 할 때 거의 무엇보다도 다른 사람의 견해에 신경을 쓴다. 잘 생각해 보면 우리가 여태까지 염려하고 불안해한 이유의 거의 절반은 남이 나를 어떻게 생각할까를 염두에 두었기 때문이다.

걸핏하면 상처받고 너무나 병적으로 민감한 우리의 모든 자존심의 밑바닥에, 또한 뽐내고 뻐기는 태도와 모든 허영과 허세의 밑바닥에도 그러한 우려가 자리하고 있다. 이 같은 우려와 병적인 집착이 없다면 사치가 지금의 10분의 1

로 줄어들지도 모른다.

166

우리는 자신이 갖고 있지 않은 것을 보면 곧잘 "이게 내 것이면 어떨까?" 하는 생각이 들어 아쉬움을 느낀다. 그 대신에 우리는 가끔 "이게 내 것이 아니라면 어떨까?"라고 물어보는 것이 좋을 것이다. 내 말은 우리가 가진 것을 잃어버리면 어떤 기분이 들까, 하는 측면에서 바라보도록 노력하라는 것이다. 이때 잃어버리는 것은 재산, 건강, 친구, 애인, 배우자, 아이, 말, 개 등 무엇이든 상관없다. 대체로 잃어버리고 나서야 그러한 것의 가치를 알기 때문이다.

　여기서 권유한 식으로 사물을 바라본 결과 첫째, 우리는 그러한 것을 소유하고 있는 사실에 즉시 예전보다 더 행복해질 것이고, 둘째, 잃어버리지 않도록 온갖 대책을 마련할 것이다. 그러므로 재산을 위험에 빠뜨리지 않을 것이고, 친구를 화나게 하지 않을 것이고, 자식들의 건강에 유의할 것이다. 우리는 때때로 억지로 유리한 방향으로 생각해 우울한 현재를 밝게 하려고 하거나 신기루와 같은 수많은 희망을 생각해 내기도 한다. 그런데 이런 희망은 환멸을 품고 있어 냉혹한 현실에 산산이 부서지면 절망을 피할 수 없게 된다.

167

고통이란 가진 것이 없어서가 아니라 가지려고 하지만 가진
게 없어서 생겨난다. 이러한 통찰에서 가능한 한 의욕을 없
애는 것이 스토아주의*의 정점이고, 삶의 지혜 중 으뜸이다.

168

어리석은 자는 삶의 여러 향락을 좇다가 자신이 속은 것을
알게 된다. 반면에 현자는 재앙을 피한다.

169

뗄 듯한 기쁨이라는 것도 모두 오류이자 망상이다. 모든 소
유물과 행복은 단지 우연으로부터 빌려온 것에 불과하므
로, 다음 어느 순간에 다시 돌려달라는 요구를 받을 수 있
다. 그러나 모든 고통은 그러한 망상의 소멸에 근거한다. 그
러므로 고통도 망상도 오류에서 비롯된 인식에서 생기는
것이다. 현자에게는 고통과 마찬가지로 환희도 멀리 떨어

---

* 스토아주의는 선한 행동을 통해 자신을 개선하고 인류 공동체의 이익을 증진
할 수 있는 방향으로 목표를 설정한다. 따라서 자신의 내면에서 평정함과 안
정함을 찾고 외부 요소에 너무 관심을 두지 않는 것이 필요하다.

져 있다.

170

어떤 사람에게 실천 없이 그저 이론적으로만 존재하는 지혜는 색과 향기로 다른 식물을 흥겹게 하지만 열매를 맺지 않고 떨어지는 장미와 같다.

누군가의 머리에 명료하게 존재하는 일은 매우 드물지만, 어떤 개념 뿐인 이름으로 간신히 명맥을 유지하다가 그 개념 없이는 이름이 완전히 사라져 버릴지도 모르는 몇 개 념이 있다. 예컨대 지혜가 그러하다.

'지혜'는 내 생각에 단순히 이론적인 것뿐만 아니라 실천적인 완벽성도 나타내는 말인 것 같다. 나는 지혜를 사물 전반에 대한 완전하고 올바른 지식, 즉 사람에게 완전히 스며들어 어디서나 그의 행동을 인도하는 지식이라고 정의하겠다.

171

인간은 고통을 피하기 위해 쾌락을 포기할 때 이익을 얻는다.

172

덕은 의지의 특성임이 분명하다. 그러나 지혜는 무엇보다 지성에 속한다.

가장 위대한 지혜는 현재를 즐기고 현재를 삶의 목적으로 삼는 것이다. 다시 말해 오직 현실만이 실재하며, 다른 모든 것은 단지 사고의 유희에 불과하다.

173

확고한 원칙이 없다면 우리는 외부적 영향에 의해 반도덕적 충동을 일으키는 감정적 자극에 굴복하고 말 것이다. 원칙들에 맞서는 동기와 상관없이 그 원칙을 고수하고 준수하는 일은 극기이다.

174

물리적 측면에서 세상을 관찰하는 일은 아무리 멀리서 행복하게 추구한다 하더라도 암울한 결과만 남는다. 도덕적인 측면에서만 우리는 위로를 얻을 수 있다. 여기서는 우리 자신의 내면의 심층이 사색을 위해 열리기 때문이다.

예의는 현명함이고 무례는 어리석음이다

175

기본적으로 덕이나 심지어 성덕聖德과 같은 마음의 선함은
의지보다 우월한 인지력 때문으로 볼 수 있다. 결국 자신의
의지와 그 의지의 직접적인 충족보다 단순히 타자의 고통
이 행동을 더 많이 결정함으로써 인지력이 생겨나기 때문
이다.

176

이성은 커다란 선의와 협력하는 것과 마찬가지로 커다란
악의와 협력하기도 하는데, 어느 쪽이든 이성이 가담함으
로써 비로소 커다란 효과를 발휘한다. 이성은 나쁜 의도뿐

만 아니라 고상한 의도, 어리석은 준칙뿐만 아니라 현명한 준칙을 똑같이 조직적이고 수미일관하게 실행할 준비가 되어 있고 도움을 주며 이는 사실 이성의 수용적이며 보존적인, 자급자족하지 못하는 성질이 필연적으로 수반된다.

스토아학파의 윤리학은 본질적으로 덕론이 아니라 마음의 평정을 통해 행복을 얻는 것을 목표이자 목적으로 삼는 이성적 삶에 대한 지침이다. 스토아학파 윤리학의 목적은 행복이다. 행복이란 내적 평화와 마음의 평정에서만 얻을 수 있고, 이 평정은 다시 덕을 통해서만 달성될 수 있다. 미덕이 최고의 선이란 표현은 바로 이 사실만을 의미한다.

177

플라톤을 제하고 고대의 모든 도덕 체계는 행복한 삶을 위한 지침이었다. 따라서 그들에게 덕은 결코 죽음 저편이 아니라 현세에서 목표를 갖는다. 그들에게 덕이란 진실로 행복한 삶에 이르는 올바른 길일 뿐이다.

178

타인의 가치를 순순히 또 기탄 없이 인정하고 승인하기 위해서는 자신만의 가치를 가지고 있어야 한다.

남의 견해를 반박하지 않는 것이 좋다. 사람들이 믿고 있는 불합리를 하나하나 설명하여 생각을 고치려고 한다면 므두셀라(창세기에 나오는 인물로 969세까지 살았음)만큼 오래 산다 해도 그 목적을 달성하지 못할 것이다. 또한, 이야기를 나눌 때 비록 호의를 갖고 있더라도 남의 잘못을 지적하는 말을 절대 하지 않도록 해야 한다. 사람의 감정을 상하게 하기는 쉽지만, 사람을 바로잡는 것은 어렵기 때문이다.

말도 안 되는 것을 듣고 있는 경우라서 화가 나기 시작하면 익살 광대 두 명이 대화를 나누는 희극 장면 중의 하나라고 생각하면 된다.

우리의 온갖 걱정과 근심, 안달과 성화, 불안과 긴장 등은 대부분 타인의 견해와 관계 있는 것으로, 질투와 증오도 앞서 말한 근원에서 생긴다.

그러므로 행복을 증진하기 위해서는 명예욕이라는 동기를 합리적인 한도로 억제해 지금의 한 50분의 1 정도로 낮추는 것이, 즉 끊임없이 우리를 괴롭히는 몸속의 가시를 빼내는 것이 필요하다.

인간이 지닌 어리석음에서 벗어나기 위한 유일한 방법은 어리석음을 어리석음이라고 분명하게 인식하는 것이다. 그러기 위해서는 인간의 머릿속에 든 대부분의 견해가 얼마나 그릇되고 불합리하며, 이치에 어긋나고 터무니없는 것인지, 따라서 그것들 자체가 주의를 기울일 가치가 없음을 똑바로 알아야 한다.

대부분의 상황에서 타인의 견해는 우리에게 별로 실제적인 영향을 미치지 못하며, 나아가 그러한 것들은 대체로 비호의적임을 알아야 한다. 거의 모든 사람은 타인이 자신에게 하는 말이나 그들의 말투를 들으면 화병이 날지도 모른다. 결국 명예라는 것도 엄밀히 말해 다만 간접적인 가치만 지닐 뿐 직접적인 가치는 없음을 알 필요가 있다. 사람들이 공통으로 지닌 어리석음에서 벗어나 새사람이 되는 데 성공하면 그 결과 믿기 어려울 만큼 마음이 안정되고 명랑해져서 한층 더 확고하고 자신감 있는 태도를 취할 것이며, 행동도 한결 자유롭고 자연스러워질 것이다.

181

실천적인 일이든 이론적인 일이든 자신의 활동에서 개인적인 목적을 추구하지 않고 객관적인 목적만을 추구하는 사람만이 위대하다.

개인적인 목적을 지향하는 모든 활동은 왜소하다. 그렇게 행동하는 사람은 자기 자신의 협소한 세계에서만 스스로를 인식하고 발견하기 때문이다. 반면에 모든 것에서, 즉 총체성에서 자신을 인식하는 사람은 위대하다. 그는 협소한 사람의 소우주만이 아니라 거시 우주에서 살아간다. 그는 총체성을 나타내거나 설명하거나 실질적인 영향을 미치기 위해 전체를 파악하려고 한다. 그에게는 총체성이 이질적이지 않기 때문이다. 다시 말해 그는 총체성이 자신과 관계있다고 느끼기 때문이다. 그의 영역이 확장되었으므로 그는 위대하다고 불린다.

182

흥분에 몸을 내맡기면 아무리 위대한 천재라도 가장 비속한 인간과 똑같아진다. 가령 다른 사람이 자신을 미워한다는 것을 알게 되어도 흥분해서는 안 된다.

모욕적인 말을 들어도 개의치 않고 넘겨버리는 것보다 더 확실한 위대함의 징표는 없다. 그런 표현을 감정적으로 느끼지 않고, 말하는 자의 인식이 미약하다는 것을 단순히 인지하면 된다.

타인에게 얼굴만 보여주고 생식기는 숨기듯이, 인식만 보여주고 의지는 숨겨야 한다. 의지도 생식기도 모두 우리 존재의 뿌리이긴 하지만, 겉으로 내보이면 안 되는 것이다. 이를 어기면 비속해지는 죄악을 면할 수 없다.

183

겁을 모르는 두 대담한 사람이 있다면 둘 중 어느 쪽도 자신의 입장을 양보하지 않을 것이라는 원칙은 잘못되었다. 그다지 중요하지 않은 사건이라면 둘 중 한 명이, 다시 말해 더 현명한 쪽이 물론 양보할 것이다.

184

예의는 현명함이고, 따라서 무례는 어리석음이다. 쓸데없이 경솔하게 적을 만드는 것은 자기 집에 불을 지르는 행위와 마찬가지로 미친 짓이다. 밀랍은 성질이 딱딱하면서도 부서지기 쉽지만 조금만 열을 가하면 부드러워져서 마음대로 어떤 형태로든 만들 수 있다. 따라서 고집 세고 적의를 품은 사람조차도 약간의 예의와 친절을 베풀면 고분고분하고 호의적인 사람으로 만들 수 있다. 예의가 인간에게 하는 작용은 열이 밀랍에 하는 작용과 같다. 존경받을 만하지 않아도 모든 사람에게 최대한의 존경을 표하도록 요구한다는 점에서 예의는 실행하기가 어려운 과제이다. 예의와 자존심을 겸비하는 것은 그야말로 대단한 일이다.

185

타인에 대한 증오는 쉽게 없어지지 않는다. 반면에 다른 사람들은 그런 식으로 쉽게 사라지지 않는 동정심을 요구한다.

186

행복한 사람을 부러워하고 적의를 품는 사람들은 그가 몰락하면 종종 그를 지켜주고 위로하며 도와주는 사람으로 변하곤 한다. 미약하나마 그와 비슷한 일을 경험하고 불행한 일을 당한 사람은 지금까지 그에게 가장 큰 냉대, 심지어 악의를 드러내었어도 이제 꾸미지 않은 동정심으로 그에게 다가서는 것을 놀랍게도 보지 않았던가! 불행은 연민의 조건이고, 연민은 인간애의 원천이기 때문이다.

187

어떤 개인의 의지와 열망에 일치하는 모든 것은 이 의지와 관련해 좋은 음식, 좋은 방법, 좋은 전조라고 불리며 그 반대는 나쁘다고, 살아 있는 존재의 경우에는 사악하다고 불린다. 성격상 다른 사람의 노력을 방해하길 좋아하지 않고 오히려 자신이 할 수 있는 한 호의적이고 도움을 주는 사람, 따라서 다른 사람들에게 해를 끼치지 않고, 오히려 가능한 한 그들을 돕고 지원하는 사람은 같은 의미에서 좋은 사람이라고 불린다.

그러나 그러한 성격의 본질적인 점으로 돌아가 보면 그가 다른 사람들보다 자신과 남을 덜 구분 짓는다는 점을 부인할 수 없다.

188

자신의 본질을 완전히 인식한다면 불멸을 요구하는 것이 얼마나 우스꽝스러운지 알게 될 것이다. 이는 개체의 수많은 표현 중 하나를 얻는 대가로 존재의 본질을 포기하는 것과 같다.

189

아무리 그럴듯한 이유가 있더라도 자화자찬의 유혹에 넘어가서는 안 된다. 허영심은 흔하지만 공적은 그렇지 않기 때문이다. 간접적으로라도 자신을 칭찬하면 사람들도 그게 허영임을 확신한다.

190

타인의 외적인 태도, 행동거지에 대해 자기 혼자서 내심 면밀하고 날카로운 비판을 가하는 성향과 버릇이 있는 자는 결국 자신의 개선과 완성에 힘쓰고 있는 셈이다. 그들은 자신이 걸핏하면 엄격히 비난하곤 하는 행위를 스스로 피할 수 있을 정도의 정의감이나 자부심과 허영심도 충분히 가지고 있을 터이기 때문이다. 우리는 자신의 결점을 개선하기 위해 타인이라는 하나의 거울이 필요하다.

191

약을 너무 많이 복용하면 목표한 효과를 내지 못한다. 훈계와 비판도 한도를 훨씬 넘어서면 이와 마찬가지이다.

192

사물 자체인 의지는 모든 존재의 공통된 소재이고 사물들의 일반적인 요소이다. 우리는 이 의지를 모든 사람, 그리고 각 개인과 공유하고 있고 동물들, 심지어 더 아래쪽에 위치하는 존재들과도 공유하고 있다. 모든 만물이 의지로 가득

차 있고 그것으로 충만해 있는 한, 의지 그 자체라는 점에서 우리는 어떤 존재와도 평등하다. 반면에 인간을 다른 존재보다 높여주는 것은 지식이다. 그러므로 우리의 표현은 되도록 지식에 한정되고 두드러져야 한다. 전적으로 공통된 것으로서의 의지는 사실 비속한 것이기도 하기 때문이다. 의지의 격렬한 표출은 모두 비속하다. 이는 우리를 종속의 단순한 실례이자 표본으로 끌어내리는 것이며 오직 종속의 성격만을 보여준다. 따라서 모든 분노, 제어하기 어려운 기쁨, 모든 증오나 공포, 요컨대 모든 흥분, 의지의 모든 움직임은 비속하다. 의지가 너무 강렬해져 의식 속에서 지식을 압도하고, 인간을 인식하는 존재로서가 아니라 의욕하는 존재로서 나타나게 하는 경우 그것은 비속하다.

도덕적 탁월함은 모든 이론적인 지혜보다 우위에 있다

193

법과 도덕의 의무 대신에 나는 정의와 박애라는 두 가지 덕목을 제시한다. 이 두 가지에서 그 외 다른 모든 미덕이 파생될 수 있으므로 나는 그것들을 기본 덕목이라 부른다. 이두 가지는 자연스러운 연민에 뿌리를 두고 있다. 연민 자체는 인간 의식의 본질이다. 연민은 전제, 개념, 종교, 교의, 신화, 교육과 교양에 근거하는 것이 아니라 인간의 근원적이고 직접적인 본성 자체에 깃들어 있다. 바로 이 때문에 연민은 온갖 상황에서 유지되고, 나라와 시대를 막론하고 모습을 드러낸다. 모든 인간은 어디서나 필수적으로 연민을지니고 있다. 연민이 부족한 것 같은 사람은 비인간적이라고 불리듯이 '인간성'은 종종 연민의 동의어로 사용된다.

194

마음의 선함은 생명을 가진 모든 것에, 특히 인간에 대한 깊고 보편적인 연민으로 이루어져 있다. 지능이 높아질수록 고통에 대한 감수성도 높아진다.

195

내가 구축한 도덕적 원동력을 보라. 시대와 민족을 불문하고, 혁명과 전쟁의 참상 속에서도, 크고 작은 규모로, 모든 국민 사이에서, 모든 삶의 상황에서, 심지어 무법 상태에서, 매일, 매시간, 언제든지. 그것이 날마다 많은 불의를 막아주는 것을 감히 누가 한순간이라도 부정하려고 하겠는가? 심지어 보답받는다는 아무런 희망도 없이, 종종 전혀 뜻하지 않게 선한 행위를 실제로 행하고 그것이 효과적이었던 자리에서 우리 모두는 감동과 존경심으로 그 행위의 진정한 도덕적 가치를 인정한다.

196

인간을 통해 세계를 이해하는 것이 세계를 통해 인간을 가르치는 것보다 분명 더 옳다. 직접적인 자의식으로부터 간접적으로 주어진 것, 즉 외부 인식을 설명해야 하기 때문이다. 이것과 반대로는 되지 않는다.

197

어떤 의견이나 경험은 오래전에 하찮고 배우지 못한 사람에게 들었으나, 그 후로 잊지 않은 채 그 가치를 무시하거나 일반적으로 알려진 것으로 간주할지도 모른다. 그 이야기를 언젠가 다시 듣거나 또한 읽은 적이 있는지 스스로에게 물어보아라. 만약 그렇지 않다면, 그것을 명예롭게 간직해라. 다이아몬드를 쓰레기 더미에서 꺼냈다고 해서 그것을 경시하겠는가?

198

우리는 모든 것을 하루 만에 말할 수는 없으며, 질문한 것 이상으로 대답해서도 안 된다.

199

진정한 도덕과 도덕성은 종교에 예속되지 않는다.

덕이나 신성함은 반성이 아닌 의지의 내적 깊이와 지식의
관계에서 나온다. 윤리적인 문제에 관계되는 교의는 모든
국민의 이성 속에서 동일한 것일 수 있지만, 각 개인의 행동
은 다를 수 있고, 그 반대도 마찬가지다. 행동은 흔히 말하
듯 감정에 의해 일어나는 것이며, 개념적이거나 윤리적인
내용에 따라 행해지는 것이 아니다. 행동은 결국 교의와는
무관하게 독자적 행보를 걸으며, 추상적인 준칙이 아닌, 말
로 표현할 수 없는 인간 그 자체의 준칙에 따른다. 그 때문
에 여러 민족의 종교적 교의가 아무리 다양하더라도, 선행
은 누구에게나 이루 말할 수 없는 만족감을 주고, 악행에는
한없는 공포가 뒤따른다. 전자는 어떤 조롱도 만족감을 뒤
흔들지 못하며, 후자는 고해 신부가 아무리 죄를 사해준다
해도 이 공포를 없애주지 못한다.

  이러한 덕성 있는 생활을 할 때 이성의 적용이 필요함을
부인해선 안 된다. 이성이 덕 있는 생활의 원천인 것이 아니
라 일관된 행동을 할 수 있도록 일단 정한 결심을 유지하고
준칙을 고수하는 것이다.

윤리학은 사실 모든 학문 가운데 가장 쉬운 학문이다. 모든 덕은 정의와 박애로부터 흘러나온다.

접촉하는 모든 사람의 가치와 존엄성에 객관적인 평가를 하지 말라. 그가 가진 의지의 열악함이나 지성의 협소함도, 개념의 불합리도 고려하지 말라. 전자는 그에 대한 증오심을, 후자는 그에 대한 경멸감을 일깨울 수 있기 때문이다. 단지 그의 고뇌와 고난, 불안과 고통만 눈여겨보아라. 그러면 항상 그에게 마음이 끌릴 것이다.

살아 있는 생명체에 대한 무한한 연민은 윤리적인 품행 방정에 대한 가장 확고하고도 확실한 보증이다. 이에 대해서는 어떠한 의심도 할 필요가 없다. 그러한 성정을 가진 사람은 단언컨대 남을 해치거나 침해하지 않을 것이고, 남에게 고통을 주지 않을 것이다. 오히려 자신이 할 수 있는 한 누구에게나 너그럽게 대하고, 누구나 용서해주고, 도와줄 것이다. 그리고 그의 모든 행동은 정의와 인간애의 특색을 띨 것이다. 반면에 이런 말을 해보기로 하자. '이 사람은 덕이 있으나, 연민을 알지 못한다'라거나 '그는 정의롭지 않고 사악한 인간이지만 무척 자비심이 깊다'라고.—이처럼 모순을 느낄 수 있게 된다.

취향은 사람마다 다르다. 그러나 나는 고대 인도의 연극을 끝맺는 기도보다 더 아름다운 것을 알지 못한다. 그 기도는 이러하다. "모든 살아 있는 생명체가 고통받지 않게 해주시옵소서!"

204

정의로운 이는 자기 외의 존재를 자신과 동일시하여 그를 해치지 않는다.

이 정의로움의 가장 깊은 곳을 들여다보면, 자신의 의지를 긍정하면서 타인의 의지를 부정하여 억지로 자기 의지에 봉사하도록 하지 않는 의도가 존재한다. 그러므로 사람들은 남에게 받은 정도만큼 남에게도 베풀어 줄 것이다.

205

소위 인간의 존엄성이 무엇에 근거하고 있는지 묻는다면 즉각 도덕성에, 그러므로 도덕성은 존엄성에, 그리고 존엄성은 도덕성에 근거한다고 대답할 것이다.

206

우리는 사람들 사이에서 살아가기 위해, 상대가 어떤 모습을 하고 있든 그 사람의 타고난 개성을 견디며 인정해야 하고, 그 개성의 종류와 특성에 따라 이용할 생각만 하면 된다. 개성이 변하기를 바라거나 있는 그대로의 개성을 무조건 부정해서는 안 된다. 이것이 바로 '나도 살고, 상대도 살린다'라는 말의 참된 의미이다. 이 과제가 옳기는 해도 실행하기는 그다지 쉽지 않기에 사람에 대한 인내심을 배우려면 무생물을 상대로 연습해야 한다. 무생물은 기계적이거나 물리적인 힘으로 우리의 행동에 완강히 저항한다. 그렇게 얻은 인내심을 나중에 사람에게 적용할 수 있다. 즉 무생물이 그렇듯 우리를 방해하는 자들도 그들의 천성에서 우러나오는 엄격한 필연성에 의해 그럴 수밖에 없다고 생각하는 습관을 기르는 것이다. 그들의 행위에 화를 내는 것은 길 앞을 가로막은 돌멩이를 보고 화를 내는 것과 마찬가지로 어리석은 짓이다.

어떤 종류의 용기는 온정을 지닌 심장에서 나온다. 그런 성정을 지닌 사람은 자신이 존재하는 만큼 상대방도 현존하고 있음을 뚜렷이 의식한다. 그 의식에서 용기가 나오는 것은 그가 자신만의 개인적인 존재에 덜 집착하기 때문이다. 그는 모든 존재의 보편적인 현존 속에 살고 있어, 자신의 삶과 부속물들에 그다지 신경 쓰지 않는다. 이것이 항상 용기의 원천인 것은 아니다. 용기는 다양한 원인이 있는 현상이다. 하지만 온정을 지닌 용기가 가장 고결한 용기이다.

도덕적 탁월함은 모든 이론적인 지혜보다 우위에 선다. 이론적 지혜란 미흡한 작품에 불과하고, 추론이라는 더딘 길 위에서 목적지에 도달한다. 반면에 도덕적 탁월함은 그 목적지에 단숨에 도달한다. 도덕적인 귀족은 지적 탁월함이 없다고 하더라도 자신의 행동을 통해 가장 깊은 인식, 가장 높은 지혜를 명백히 드러내고, 가장 천재적이고 가장 학식이 높은 사람을 부끄럽게 한다.

6

우리에게는 두뇌보다 더 현명한
무언가가 있다

*

내적 충동과 실제로 성취된 시간

인간의 인생은 처음 손 댄 예술 작품과 같다

209

모든 인간 사업에는 우리가 통제할 수 없거나 예측할 수 없는 것들이 있다. 이것을 거스를 힘을 얻겠다는 소망이 신을 믿기 시작한 기원이다. "신들에 대한 신앙을 만든 것은 무엇보다 두려움이었다."

210

마음, 즉 의지는 심각한 곤경 속에서 전능하고 초자연적인 도움을 구할 필요가 있다. 모든 민족 신학의 이론은 신들의 수와 성격에 있어서 크게 다르지만 섬기고 숭배하면 도움을 행한다는 점에서 같다.

동시에 이것은 모든 신학의 기원, 즉 신학은 흔히 말하듯이 머리나 인식에서 생겨난 것이 아니라 의지에서, 마음에서 비롯됨을 알게 해주는 모태이다.

211

물리학이 대단히 발전하게 된 건 형이상학을 항상 더욱 피부로 느낄 수 있게 하기 위해서일 것이다.

212

인간의 인생행로에서 본능적 충동으로 나타나는 내적 불가피성과 합리적인 성찰, 마지막으로 상황의 외부적 영향력이 상호작용하여 실행되면 생의 마지막에는 그것들이 완전히 균형 잡힌 예술 작품으로 나타난다. 비록 인생행로가 아직 과정 중에 있을 때는 처음 손을 댄 모든 예술 작품에서처럼 계획도 목표도 보이지 않더라도 말이다. 인생행로가 완성된 후 비로소 다가가서 자세히 살펴본 사람은 더없이 사려 깊은 선견지명, 지혜, 끈기의 작품으로서 경탄할 것이다.

213

우리에게는 두뇌보다 더 현명한 무언가가 있다. 우리는 인생행로의 커다란 국면에서 무엇이 옳은지 분명히 인지한 채 행동하지 않고 우리 존재의 아주 깊은 밑바닥에서 나오는 내적 충동, 말하자면 본능에 따라 행동한다.

어쩌면 내적 충동은 깨어나면 잊어버리는 예언적인 꿈의 지도 속에 있음으로서 삶에 음조의 균일성과 극적인 통일을 부여한다. 너무나 자주 흔들리고 헷갈리며, 걸핏하면 생각이 바뀌는 두뇌의 의식으로는 삶에 그런 균일성과 통일을 줄 수 없을 것이다. 예컨대 어떤 종류의 위대한 업적에 부름을 받은 사람은 젊은 시절부터 내적으로 은밀히 그것을 느끼고, 꿀벌이 조금씩 벌집을 만들어 가는 것처럼 그것을 목표로 노력하는 것이다.

214

추상적인 원리에 따라 행동하기란 매우 힘들고, 많은 연습을 거친 후에야 성공을 거둔다. 심지어 늘 가능한 것도 아니며 그 원리 또한 종종 충분치 못하다.

반면에 모든 사람은 자신의 피와 체액에 들어 있는 어떤 타고난 구체적인 원칙들을 가지고 있다. 이때 그 원칙들은 그의 모든 사유, 느낌, 의욕의 결과이다. 그는 그 원칙들을 추상적으로 알지 못하지만 비로소 삶을 되돌아볼 때 자신

이 그 원칙들을 항상 준수했으며, 보이지 않는 실에 이끌려
왔음을 깨닫는다.

<h2 style="text-align:center">215</h2>

가장 올바로 인식하는 것은 가장 직접적으로 인식하는 것
이다. 즉 그것은 명확한 성찰이 아니라 단순한 본능처럼 작
용한다. 그러므로 올바른 인식은 분명한 인식 속으로 들어
오지 않은 채 행동으로 넘어간다.

　따라서 외부에 의해 또는 그릇된 개념에 좌우되지 않는
모든 사람은 자신에게 적합한 것을 추구하고 붙잡는다. 이
는 모두를 각자만의 올바른 길 위로 데려다주는 길잡이 별
이자 비밀 열차이다. 그는 그 길을 되돌아 걸었을 때야 비로
소 자신만의 변하지 않는 방향을 알아차리게 된다.

<h2 style="text-align:center">216</h2>

직관은 모든 지식의 원천일 뿐 아니라 그 자체가 지식이다.
우리는 덕이 실제로 직관적인 인지력에서 비롯하는 것을
본다. 덕에 의해 직접적으로 야기된 행동, 즉 본성의 순수한
충동에 의해 일어나는 행동들만 엄밀히 말하자면 참되고
불변하는 성격의 징후이다.

217

단순한 개념보다는 구체적인 이미지가 기억 속에 더 확고
히 자리 잡는다. 그래서 상상력이 풍부한 사람이 다른 사람
들보다 언어를 더 쉽게 배운다. 이들은 사물의 구체적인 이
미지를 새로운 단어와 즉시 결부시키는 반면, 다른 사람들
은 단순히 모국어에 있는 같은 의미의 단어를 외국어와 결
부시키기 때문이다.

기억에 단단히 새겨놓고 싶은 것이 있으면 그것을 직접
적으로든, 또는 실례나 단순한 비유 또는 유사한 것 등으로
서, 되도록 구체적인 것으로 바꾸어 생각하는 것이 좋다. 구
체적인 것은 추상적으로 생각한 것이나 단순히 말 이상으
로 훨씬 더 단단히 기억에 남기 때문이다. 그렇기에 우리는
읽은 것보다 경험한 것을 훨씬 더 잘 보존한다.

읽고 배우는 것만큼 직접 보고 경험하는 것이 필요하다

218

'빈 수레가 요란하다'라는 말이 있듯이, 스페인에는 '못이 빠진 편자는 덜커덩거리는 소리를 낸다'라는 속담이 있다. 허세는 언제나 경멸을 불러일으킨다. 첫째로 허세는 기만인데, 기만은 공포 때문에 생기므로 그 자체로서 비겁하다. 둘째로 허세는 자신이 아닌 모습으로 꾸미려고 하는 것이고, 자신의 실제 모습보다 더 낫게 돋보이려고 하는 것이니 자신이 스스로에게 내리는 유죄 선고이다. 어떤 특질을 지닌 듯 허세를 부리고, 뻐기는 것은 그것을 지니고 있지 않다는 자기 고백이나 마찬가지이다. 용기든, 학식이든, 정신이든, 기지든, 부(富)든, 고상한 신분이든, 그 밖의 무엇이든 간에 어떤 사람이 무언가를 가지고 뻐기는 것은 바로 그러한 점에 뭔가 부족한 면이 있음을 실토하는 셈이다. 정말로 어떤 특질을 완벽하게 지닌 사람이라면 그것을 겉으로 드러내며 허세 부리려 하지 않고 완전히 담담한 태도를 취할 것이다.

219

뛰어난 지성의 소유자는 경탄은 받지만 호의는 얻지 못한다. 호의를 얻으려면 도덕적 자질을 갖추어야 한다. 모든 사람은 단지 영적인 지식인보다 정직하고 선하며 심지어 온순하고 관대하고 쉽게 동의하는 사람을 친구로 선택할 것이다. 인간에 대한 존중은 도덕적 자질에 기초한다. 이 좋은 특성이 부족한 지성을 상쇄시킨다. 성격의 선함은 노년의 둔감함과 유치한 본성에 대해 우리를 참을성 있고 너그럽게 만든다. 지적인 장점과 교양이 완전히 결여되어 있는 매우 고귀한 성격은 마치 아무것도 부족하지 않은 사람처럼 보이지만, 도덕적 결점에 시달리는 위대한 지성인은 그럼에도 비난받을 만하게 보일 것이다.

우수한 인물은 모든 사람에게 자신의 본성을 인정받으므로 자신이 곤경에 처할 때 이들이 자신을 도와주기를 기대한 다. 따라서 그는 우호적인 세계에서, 더 깊은 평온 속에서 살아가며, 그의 주위에는 언제나 명랑한 기운이 감돈다. 이 기적인 성격은 항상 낯선 형상들 사이에서 살아간다. 그가 사람들을 무관심하게 바라보듯이 그는 그들로부터 아무런 도움도 기대하지 않는다. 그리고 그는 곤경에 처하면 즉각 좌절하게 된다.

서로를 사랑하고, 서로를 위해 태어난 존재는 서로를 쉽게 찾아낸다. 마음이 맞는 사람들은 이미 멀리서부터 서로를 환영한다.

삶의 지혜에서 중요한 점은 우리가 현재와 미래에 주의를 기울이는 비율을 올바로 조정해 한쪽이 다른 쪽을 망치지 않도록 하는 것이다. 어떤 사람들은 너무 미래 속에서 살고 있다. 불안과 걱정이 많은 사람들이 그러하다. 그 비율을 정확히 조절하는 사람은 드물 것이다. 노력과 희망에 의지하여 미래 속에서 살고 항상 앞만 바라보며, 무엇보다 미래의 일만 진정한 행복을 가져다준다고 생각하여 조바심을 내 그쪽으로 급히 다가가는 반면, 현재는 거들떠보지도 즐기지도 않고 지나쳐 버리는 사람들이 있다. 그런 사람들은 비록 애어른 같은 표정을 짓고 있지만 실은 이탈리아의 노새에 비유할 수 있다. 이탈리아에서는 노새의 머리에 묶인 봉에 한 다발의 건초를 매달아두는데, 노새는 바로 눈앞에서 계속 달랑거리는 그것을 먹으려는 욕심에 발걸음을 재촉한다고 한다. 그들은 죽을 때까지 언제나 현재만을 위한 임시적인 생활을 하면서 그들 자신의 생존을 그르치는 것이다.

그러므로 미래를 위한 계획과 걱정에만 온통 마음을 쏟거나, 과거에 대한 동경에 빠지지 말고 현재만이 유일하게 현실적이고 유일하게 확실한 것임을 결코 잊어서는 안 된다. 그런 반면 미래는 우리가 생각하는 것과는 거의 항상 다르게 전개된다는 사실과 과거조차 우리의 회상과는 달랐으며, 더구나 과거와 미래 모두 전체적으로 보자면 우리가 생각하는 것과는 달리 그다지 대단한 것이 아님을 결코 잊어서는 안 된다. 멀리 있는 대상을 육안으로 보면 축소되어 보이지만, 마음의 눈으로 보면 확대되어 나타나는 것이다. 현재만이 참되며 진실하다. 현실은 현실적으로 충만한 시간이고, 우리의 생활은 오로지 현실 속에서만 존재한다. 그 때문에 우리는 현재를 항시 명랑한 기분으로 받아들여야 한다. 따라서 직접적인 불쾌감이나 고통이 없는 그런대로 견딜 만한 자유로운 시간은 일부러 그 자체로 즐기는 것이 좋다. 다시 말해 과거에 품은 희망이 실패로 돌아갔다거나 미래에 대한 우려 때문에 짜증난 얼굴로 현재를 우울한 심정으로 보내서는 안 된다. 지난 일에 대한 불만이나 미래에 대한 우려 때문에 현재의 좋은 시간을 내팽개치거나 경솔하게 망쳐버리는 것은 대단히 어리석은 일인 것이다. 걱정은 물론, 후회하는 일에조차 일정한 시간만 할애하는 것이 좋다. 따라서 기왕에 일어난 일에 대해서는 호메로스의 말처럼 생각해야 한다.

"제아무리 마음이 아프더라도 지난 일로 치부하자.
아무리 괴로워도 언짢은 마음을 진정시키자."

— 『일리아드』 제17권 112행 이하

그리고 미래의 일에 대해서는 이렇게 생각해야 한다.

"그것은 신의 뜻에 달린 것이다."

—『일리아드』제17권 514행

반면에 현재에 대해서는 "하루하루를 하나하나의 인생이라고 간주하라"(세네카 『서간집』)는 말에 따라, 유일하게 현실적인 이 시간을 될 수 있는 한 즐겁게 보내도록 해야 한다.

223

읽고 배우는 것만큼이나 직접 보고 경험하는 것이 필요하다.

224

같은 일이라도 아침, 저녁, 낮 또는 다른 날에 따라 매우 다르게 인식된다. 그 일에 대한 상반된 견해들이 자신에게 들이닥쳐 의구심을 증가시킨다. 그 때문에 사람들은 어떤 사안을 자면서 곰곰이 생각해야 한다고 말하며, 중대한 결정을 내리기 위해 오랜 시간 숙고할 것을 요구한다. 우리의 지성은 그 약점에서 비롯된 명백한 단점이 있지만, 다른 한편으로는 멍하니 있으면서 기분 전환을 한 후에 비교적 새롭고 낯선 관점으로 사안을 다시 바라볼 수 있다는 이점이 있다.

실제 지혜는 추상적인 것이 아니라 직관적인 것이다. 지혜
는 다른 사람이나 자신의 연구 결과로 머릿속에 떠도는 명
제와 생각으로 존재하는 것이 아니라 세상이 그의 머릿속
에 나타나는 전체 방식이다. 현자는 바보와 다른 세계에 살
고, 천재는 멍청이와 다른 세상을 볼 정도로 이들이 살아가
는 세상은 무척 다르다.

지성은 차별화하고 분별하는 원리이다. 지성에는 다양한
등급이 있으며, 단순한 교양의 등급보다 훨씬 다양하다. 지
성의 발달 정도에 따른 큰 차이가 사람과 사람 사이에 간극
을 만들고 마음의 선함만이 그 상위에 자리할 수 있다. 마음
의 선함은 반대로 다른 모든 사람을 자신의 자아와 동일시
하는 통일 원리이다.

인간의 성격은 머릿속이 아니라 마음속에 들어 있다

227

우리는 정신력을 어디까지나 생리적 기능으로 보아서 그런 생각을 바탕으로 정신력을 취급하고 아끼고 발휘해야 하며, 또한 모든 신체적 질환, 고통, 부조화는 어느 부분에서 발생하더라도 정신에 영향을 미친다는 것을 명심해야 한다.

228

자신의 가치 있는 성찰은 되도록 빨리 적어두어야 한다. 우리는 때때로 우리가 경험했던 것과 얼마나 많은 생각을 했는지 잊어버리기 때문이다. 생각은 우리가 원할 때가 아니라 생각이 원할 때 찾아온다.

병에 따라서는 완벽하게 나으려면 자연스럽게 시간이 흘러야만 한다. 적절한 시간이 흐르면 병은 아무런 흔적도 없이 저절로 사라질 것이다. 하지만 누군가 지금 당장 건강해지기를 요구한다면 시간은 가불을 해줄 것이다. 병은 퇴치되겠지만, 그에 대한 이자로 허약함과 만성질환을 평생 달고 살아야 한다.

이 경우 시간이 매기는 이자는 다시는 벗어날 수 없이 영속적으로 불어나며 이는 시간이 취하는 폭리이다. 기다리지 못하는 자들은 모두 이러한 폭리의 희생자들이다. 적절하게 흘러가는 시간의 발걸음을 재촉하려고 하는 것은 대단히 비용이 많이 드는 일이다. 그러므로 시간에 이자를 빚지지 않도록 조심해야 한다.

어떤 대상을 오래 응시하면 눈이 둔감해져서 더 이상 아무것도 보이지 않는다. 이와 마찬가지로 지성도 같은 사안을 계속 생각하면 둔감해지고 혼란스러워져 더 이상 그 문제에 관해 골똘히 생각하거나 파악할 수 없게 된다. 다시 그곳으로 돌아가기 위해서는 그 문제를 떠나야만 한다.

지성에는 휴식이 필요하다. 오랜 시간 휴식한 후에 이 세상 사물의 일상적인 움직임을 새롭고 낯선 것처럼 들여다보고, 신선하고 정말 편견 없는 시선으로 바라볼 때, 그 사물의 맥락과 의미가 가장 순수하고 가장 심도 있고 명백해진다. 반면에 매시간 사물들 안에서 움직이는 사람들은 모두 그것에 관해 알아차리지 못하는 법이다.

231

성숙은 오로지 경험과 시간의 소산이다. 우리는 보통 직접적인 지식과 추상적인 지식을 따로 얻는다. 직접적인 지식은 자연스러운 과정으로 얻어지고, 추상적 인식은 타인의 좋고 나쁜 가르침과 소통에 의해 얻어진다. 그러므로 청년기에는 보통 단순한 단어들에 의해 고정된 개념들과 관찰에 의해 획득된 실제 지식 사이에 연결과 일치가 거의 일어나지 않는다. 점차적으로 개념과 실제, 이 두 가지는 점차 가까워지고 서로를 바로잡는다. 두 가지가 완전히 합쳐 하나가 되었을 때야 비로소 성숙한 지식이 된다. 이런 성숙한 지식은 각 능력의 높고 낮은 완전성 정도와는 전혀 무관하다.

나이 듦은 지적 능력을 서서히 갉아먹는 반면 도덕적 특성을 그대로 남겨둔다. 마음의 선함은 머리가 이미 어린 시절로 퇴행해도 노인이 여전히 존경과 사랑을 받게 한다. 온유함, 인내심, 솔직함, 진실함, 사심 없음, 박애주의 등은 평생에 걸쳐 보존되며 노쇠해도 사라지지 않는다. 그러한 요소들은 겨울 구름 사이로 떠오르는 태양처럼 노쇠한 백발노인의 모든 밝은 순간에 사그라들지 않고 나타난다.

모든 이별은 죽음을 맛보게 해준다. 그리고 모든 재회는 부활을 맛보게 해준다. 그래서 서로에게 냉담했던 사람들조차 20년, 30년의 세월이 지나 재회하면 반가워서 그토록 환호하는 것이다.

모든 친근한 존재의 죽음에 대한 우리의 깊은 고통은, 그 존재만의 형언할 수 없는 고유한 것이 전적으로 돌이킬 수 없게 되었다는 감정에서 생겨난다. "모든 개별 존재는 불가해한 것이다." 이것은 동물에도 해당한다. 애지중지하던 동물이 어쩌다 치명상을 입어 이별의 눈빛을 맞이하고 가슴을 쥐어뜯는 듯한 고통을 맛본 사람은 이런 기분을 더없이 생생하게 느낄 것이다.

234

인간의 정체성은 무엇에 기반을 두고 있는가? 신체라는 물
질에 근거하는 것이 아니다. 몸은 늘 같은 형태가 아니고 전
체적으로 모든 부분에서 변화한다. 눈빛은 예외다. 그 때문
에 우리는 많은 세월이 흐른 후에도 눈빛을 보고 어떤 사람
을 알아본다. 이는 시간이 낳는 온갖 변화에도 불구하고, 어
떤 사람 내부에 불변의 어떤 것이 있다는 것을 증명한다. 그
래서 오랜 시간 만나지 못하다가 타인을 다시 알아보고, 이
전의 그 사람 그대로임을 다시 발견하게 된다. 우리 자신의
경우도 마찬가지다. 비록 우리가 나이가 들더라도, 사람들
은 우리를 젊었을 때, 아직 어린이였을 때와 완전히 같은 사
람으로 느낀다. 언제나 변하지 않고 항상 같은 모습을 유지
하며, 함께 늙어가지 않는 이것이 바로 시간 속에 있지 않
는, 우리 존재의 핵심이다.

사람들은 인간의 동일성이 의식에 기초한다고 가정한다.
하지만 만약 이 의식을 단순히 인생행로에 대한 일련의 기
억으로 본다면, 이는 충분하지 않다. 우리는 이전에 읽었던
소설보다 우리의 인생에 관해 기껏해야 아주 조금 더 많이

알고 있을 뿐이다. 주요 사건들과 아주 흥미로운 장면들만 뇌리에 새겨질 뿐이며 한 가지 사건이 기억에 남는다면 수천 건의 사건들은 잊혀버린다. 나이가 들수록 모든 것은 흔적 없이 지나가버린다. 고령, 질병, 뇌 손상, 광기가 기억을 완전히 앗아갈 수 있다. 하지만 그 사람의 정체성은 그것으로 사라지지 않는다. 그것은 동일한 의지와 변하지 않는 성격에 바탕을 두고 있다. 눈빛을 변하지 않게 만드는 것 또한 바로 그 성격이다. 인간의 성격은 머릿속이 아니라 마음속에 들어 있다.

235

작곡가가 교향곡에 뒤섞여 날뛰는 듯한 많은 소리를 담아내는 것만큼, 모든 사람의 인생행로 또한 조화와 화음을 이룰 수 있다. 우리가 꾸는 삶의 위대한 꿈은 어떤 의미에서 오직 단 하나, 삶에 대한 의지이다. 단 하나의 존재가 꾸는 큰 꿈이지만 동시에 모든 사람이 그 꿈을 함께 꾼다. 따라서 모든 것이 서로 맞물려 함께 어우러지는 것이다.

7

죽음이란 삶을 담는
커다란 저수지다

*

우리 참 존재의 불멸성

마음의 선함은 불가사의한 신비이며 초월이다

236

모든 사람은 자기 안에 파괴할 수 없는 불멸의 무언가가 있다고 확신한다. 대단히 먼 옛날, 아주 어린 시절부터 내려오는 기억의 생생함과 생동감은 우리 안의 어떤 것이 시간에 따라 움직이지 않고, 늙지 않고, 변하지 않는다는 사실을 증명한다.

237

자신의 현존을 의식하는 두 가지 상반된 방법이 있다. 한 가지는 경험 속에서, 외부에서 볼 때 시간과 공간에 따르면 무한한 세계의 아주 작은 존재로서, 수십억 중 하나의 존재로서 의식하는 방법이다. 그 존재는 이 지구상에서 아주 짧은 시간 살아가면서 30년마다 자신을 갱신한다.―그런데 또 한 가지는 자신의 내면 속에 몰입해서, 자신이 전체적으로 그리고 실질적으로 유일하며 진정한 존재라는 것을 의식하는 방법이다. 그 존재는 거울 속을 들여다보는 것처럼 바깥에서 자신을 인식한다.

238

고대인들은 용기를 덕목에, 비겁함을 악덕에 포함했다. 그런데 이는 자비와 관용을 지향하고 모든 적대감, 심지어 저항까지도 금지하는 기독교적 교리에 부합하지 않아 현대 개혁가들은 인정하지 않았다. 그럼에도 우리는 비겁함이 고귀한 성격과 양립할 수 없음을 인정해야 한다.―비겁함은 어떤 상황에 처해 있는 자신에 대한 지나친 우려 때문에 생긴다. 그에 반해 용기는 미래에 있을 더 큰 화를 막기 위해 현재 임박한 화를 기꺼이 마주하기에 생긴다. 용기는 인내의 성격이다. 그 성격의 본질은 현재보다 더 큰 화가 있다는 것을 분명히 의식하는 데 있다. 그렇다면 용기는 일종의 인내일지도 모른다. 바로 이 인내는 우리가 희생하고 극복할 수 있게 해주므로, 용기는 적어도 인내를 통한 덕목과 유사하다.

그리고 용기는 더 고귀한 삶의 관점을 시사할 것이다. 죽음의 공포는 자연스러운, 단순한 형이상학의 부족에 기인한다고 볼 수 있다. 형이상학의 힘으로 인간은 자신이 그 자신뿐 아니라 모든 사람, 즉 모든 것 속에 존재하므로, 그 자신의 죽음은 그에게 별다른 해를 끼치지 않을 것이라는 확신을 품는다.

239
———

나는 진리를 행동과 관련하여, 베다의 공식인 "그것은 그대다tat tvam asi!"라는 문구로 표현하는 것보다 더 적절하게 표현하는 길을 알지 못한다. 이 진리를 분명하게 인식하고, 자신이 접촉하는 모든 존재에 대해 마음속으로 굳게 확신하고 그 자신에 대해 표현할 수 있는 사람은 바로 그것으로 모든 덕과 커다란 행복을 확신하고 구원으로 가는 지름길을 걷는 사람이다.

240
———

우리는 귀 기울임과 바라봄으로써, 무엇보다 스스로 관대하고 숭고한 행동을 함으로써 감동과 희열을 느낀다. 이 감정의 밑바탕에는 개별성의 원리에 의거한 개개인의 다양성과 분리성을 넘어, 우리가 진정으로 접근할 수 있는 통일성이 존재한다는 믿음이 있다.

"나의 진정한 내적 존재는 자의식 속에서, 나 자신에게만 나타나는 것만큼 모든 생명체 속에 직접적으로 존재한다." 산스크리트어로 'tat tvam asi' 즉 '그것은 그대다'라는 공식이 바로 이러한 깨달음이며 이는 연민으로서 터져 나온다. 또한 진정한, 이기적이지 않은 모든 미덕의 바탕이자 선행의 진정한 표현이다. 관용, 자선, 인간애에 대한 모든 호소가 궁극적으로 지향하는 것이 바로 이 깨달음이다. 이 호소는 우리 모두가 하나의 동일한 존재라는 사실을 상기시키기 때문이다. 꿈 속에서나 깬 상태에서나 우리는 자신뿐 아니라 우리 앞에 나타나는 모든 사람들 속에 있다. 비록 그것을 알아보기 쉽지 않더라도 "그것은 그대다."

241

좋은 성격은 자신의 본질과 같은 외부 세계에서 살아간다. 타자는 그에게 '나와 다른 사람'이 아니라 '또다른 나'이다. 따라서 모든 사람에 대한 관계는 그에게 우정이다. 그는 내면에서 모든 존재와 친근하다고 느끼고, 그들의 행복과 불행에 직접 관여하며, 그들도 자신에게 마찬가지일 거라 확신한다. 이리하여 그는 내면의 깊은 평화와 위안을 얻고, 안심이 되어서 만족한다. 그 덕에 그와 가까운 모든 사람은 마음이 편안해진다.

242

정직함과 선함은 늘 우리를 놀라게 한다. 비록 그게 가끔씩이라고 해도 말이다. 고결함뿐 아니라 위대한 지성, 사유하는 정신, 즉 천재성 또한 마찬가지다. 이러한 현상들은 결코 고갈되지 않는다. 이것들은 하나하나의 빛나는 점처럼 거대한 암흑 덩어리로부터 우리를 향해 가물거리며 빛난다. 우리는 그 희미한 빛들을 윤회에 구원의 원리가 담겨 있다는 증표로서 받아들여야 한다.

243

적을 용서하고 악을 선으로 되갚는 고결한 사람은 숭고하여, 최고의 찬사를 받는다. 그는 자신이 단호하게 부인되는 경우에도 자신의 자아를 인식하기 때문이다.

그 자체로 오로지 타인의 곤경을 동기로 삼는 모든 전적으로 순수한 선행, 완전히 사심 없는 도움은 우리가 존재의 밑바닥에까지 살펴보면 참으로 불가사의한 행위이고, 실제적인 신비이다. 그 신비가 결국 모든 실제의 신비로운 본질을 이루는 것과 같고 다른 진리와 방법으로는 결코 설명할 수 없다. 어떤 사람이 다른 사람의 부족함이 줄어들게 하겠다는 목적만을 갖고 적선을 하는 것도 그 슬픈 사람에게서 나타나는 것이 자신임을, 자신의 본질 자체가 낯선 존재에서 다시 발견됨을 인식하기에 가능하다.

244

이기적이지 않은 일을 한 뒤 느끼는 만족감은 좋은 양심이며 그 반대는 양심에 거리낌이 없는 것이다. 이 만족감은, 자신의 본질 자체를 다른 사람의 낯선 모습에서도 재인식하는 데서 비롯한다. 즉 참된 자아는 개별적인 현상인 자신의 인격뿐만 아니라 살아 있는 모든 것 속에 현존하고 있다는 인식이다. 이기심은 관심을 자신의 개별 현상에 집중시키고, 지속적으로 자신을 위협하는 무수한 위험을 상시적으로 알려주기에 불안과 걱정이 기분의 기조가 된다. 반면 살아 있는 모든 것이 자신의 인격과 마찬가지이며 자신의 본질 자체라는 인식은 모든 생명에 대한 관심을 넓힘으로써 마음이 넓어지게 한다. 따라서 자신의 자아에 대한 관심이 줄어듦과 더불어 불안과 걱정이 근본적으로 제한된다. 그리하여 도덕적인 성향과 양심에 거리낌 없게 해주는 침착하고 자신감 있는 명랑함이 생긴다. 선행에서 그러한 기분의 근거가 확실히 드러나며 선행을 할 때마다 명랑함이 더 분명하게 나타난다.

이기주의자는 자신이 다른 사람의 적대적인 현상에 에워싸여 있다고 느끼고, 자신의 안위에만 신경 쓴다. 선한 사람은 친근한 현상들의 세계에 살고 있다. 세상 모든 현상의 안녕을 자신의 안녕으로 받아들인다. 그러므로 인간의 일반적인 운명이 그의 기분을 즐겁게 하지 않는다 해도, 살아 있는 모든 것 속에서 영속적으로 자기 자신의 본질을 인식하면 그의 기분은 평정을 얻게 되고 심지어 명랑해진다. 무수한 현상에 관심을 넓히면 하나의 현상에 집중할 때처럼 마음이 불안해지지 않는다. 개인의 신상에 일어나는 우연한 사건들은 행복과 불행을 초래하기도 하지만, 개인들 전체에 일어나는 각 우연들은 균형을 이룬다.

245

왜 우리는 자신의 마음에 깃든 선함을 진심 어린 기쁨으로 느끼는가? 우리의 현존이 자기 자신에게만 국한되지 않는다는 증표가 되기 때문이다. 모든 이기적인 행위는 무한히 작은 점에 자신을 집중시키는 것과 같다.

246

나와 무관한 고통이 직접적으로 나 자신의 동기가 되어 나를 행동하게 만드는 것이 어떻게 가능하단 말인가? 단지 외적인 것으로서 내게 주어졌음에도 그 고통을 함께 느끼고, 나의 고통으로 느끼고, 그럼에도 불구하고 '나'가 아닌 타인이 되어 느낄 수는 없다.

하지만 이러한 사실은 내가 타자와 어느 정도 동일시해서, 그 순간 아와 비아의 장벽이 없어지는 것을 전제한다. 그런 다음에만 타인의 일, 그의 욕구, 그의 고난, 그의 고통이 직접 나의 것이 된다. 그러면 나는 실제 경험과 지식과는 달리 더이상 그를 낯선 존재로, 나와 무관한 존재로, 나와 완전히 다른 존재로 보지 않고 그 안에서 함께 고통을 겪으며, 그럼에도 그의 피부가 나의 신경을 에워싸지 못한다는 것을 느낀다. 이렇게 해서만 그의 슬픔, 그의 고통이 나를 위한 동기가 될 수 있다. 그렇지 않고는 타인의 고통이 결코 나의 고통이 될 수 없다. 이러한 과정은 거듭 말하지만 불가사의하다. 왜냐하면 그 과정은 이성으로는 직접 밝힐 수 없고, 경험만으로는 그 근거를 찾아낼 수 없기 때문이다. 그렇지만 일상적으로 일어나는 일이며 어떤 사람이든 한 번쯤 겪었을 것이다. 이는 심지어 무정하고 이기적인 사람에게도 낯설지 않다. 그 일은 우리 눈 앞에서, 개인에게서, 작은 것에서, 아무 생각 없이 그 순간의 박차로 한 사람이 다른 사람을 돕고 돕는 모든 곳에서 발생한다.

247

횃불과 불꽃놀이가 태양 앞에서 무색해지고 눈에 띄지 않는 것처럼 정신, 그러니까 천재와 아름다움도 마음의 선함에 의해 광채를 잃고 흐릿해진다. 선함이 대단히 두드러지는 경우, 앞선 특성들이 없어서 아쉬워한 것을 부끄러워할 정도로 그 특성들을 대체할 수 있다. 더없이 얕은 지식과 기괴한 추함조차도 마음의 엄청난 선함이 함께 모습을 드러내는 순간, 마치 변모하듯 더 높은 종류의 아름다움으로 빛나게 된다. 이제 지혜가 그들 앞에서 말하고 다른 모든 것들은 침묵한다. 마음의 선함은 초월적인 특성이고, 삶을 넘어서는 사물의 질서에 속하며, 다른 모든 완전함과는 비교할 수 없기 때문이다. 선한 마음들이 많이 존재하는 곳에서는 마음이 세상을 포용할 정도로 거대하고 위대해지므로, 이제 모든 것이 마음 속에 있고 아무것도 그 밖에 있지 않다. 마음의 선함은 모든 존재를 자신의 존재와 동일시하기 때문이다.

또한 마음의 선함은 보통 사람이 자기 자신에게만 허용하는 무한한 관대함을 타인에게 보여준다. 그러한 사람은 화를 내는 일이 없다. 심지어 자신의 지적 또는 신체적 결함이 다른 사람들의 악의적인 조롱과 경멸을 불러일으켰을 때도 그는 마음속으로 비난할 뿐이다. 따라서 그는 그들이 자신들의 오류를 뉘우치고 그 자신도 그들을 다시 인식하기를 확신에 차 기대하면서, 편안한 마음으로 더없이 온화하게 계속 그들을 대한다.

지구의 어느 곳이든 지구 위이듯,
모든 삶의 형식 역시 현재다

우리는 모든 인간을 두 가지 상반되는 관점에서 고찰할 수 있다. 한 관점에서 보면 인간은 시간에 의해 시작하여 끝을 맺는 덧없이 스쳐 지나가버리는 개체, 즉 그림자의 꿈인 동시에 결점과 고통이라는 무거운 짐을 지고 있는 개체이다. 다른 한 가지 관점에서 보면 인간은 모든 존재자 속에 구체화되어 나타나는 불멸의 근원적 존재로서, 그 자체로 "나는 이전에 존재했고, 지금 존재하고, 앞으로도 존재할 모든 것이다."라고 말해도 좋을 것이다. 물론 그런 존재는 이 세계에서 모습을 드러내는 것보다 더 나은 일을 할 수 있을지도 모른다. 왜냐하면 우리가 발 딛고 서 있는 세계는 유한성의 세계이자 고통과 죽음의 세계이기 때문이다. 그 세계에 있는 것은 죽음으로 끝을 맺기 마련이다. 하지만 그 세계에 속하지 않는 것만이 하늘에서 번쩍이는 번개처럼 전능한 힘을 갖고, 이 세계를 위협하듯 획 지나가며, 시간도 죽음도 알지 못한다.

249

시간은 끊임없이 흘러가면서 인간의 전체 삶을 휩쓸어 가버린다. 이러한 시간의 도주와 실제 현존하는 것의 고정적인 부동성 사이의 대조보다 더 큰 대조는 없다. 그리고 이러한 관점에서 삶의 과정을 객관적으로 바라보면, 시간의 수레바퀴 중심에 있는 정지된 현재가 분명히 눈에 띈다. 인류의 전체 존속을 한눈에 포괄하는 비교할 수 없을 만치 오래 살아가는 자의 눈에는 탄생과 죽음의 끊임없는 변화는 단지 지속적인 진동처럼 나타날지도 모른다. 따라서 무에서 끊임없는 새로운 생성이 일어나는 것을 볼 수 없을 것이다.

250

현재는 의지로부터 벗어나지 못하며 의지 또한 현재로부터 벗어나지 못한다. 그 때문에 있는 그대로의 삶에 만족하는 사람, 어떤 방식으로든 삶을 긍정하는 사람은 삶에 끝이 없음을 확신하고, 죽음의 공포를, 그가 현재를 잃어버릴지도 모른다는 어리석은 공포를 물리쳐버릴 수 있다. 그는 현재를 잃어버릴지도 모른다는 어리석은 공포를 스스로 불어넣은 착각으로 간주한다. 이것이 시간에 관한 착각이다. 공간에 관한 착각은 모두 상상 속에서 자신이 지구의 위쪽에 있다고 생각하고 다른 모든 것은 아래에 있다고 보는 것이다.

이와 마찬가지로 누구나 현재를 자신의 주체성과 결부시키고, 이 주체와 더불어 모든 현재가 소멸한다고 생각한다. 그리고 과거와 미래는 현재 없이 존재한다는 것이다.

그런데 지구상의 어느 곳이나 위이듯이, 모든 삶의 형식 역시 현재다. 그리고 죽음이 우리에게서 현재를 빼앗아 간다고 죽음을 두려워하는 것은 우리가 다행히 둥근 지구의 위쪽에 있지만 거기서 아래로 미끄러질지도 모른다고 두려워하는 것처럼 어리석은 생각이다.

251

"세계는 나의 표상이다"라는 나의 시작 명제에 이어 "먼저 내가 있고 그다음에 세계가 있다"는 명제가 뒤따른다. 죽음을 소멸과 혼동하지 않게 일깨워주는 해독제로써 이 말을 명심하는 것이 좋을 것이다.

누구나 자신의 가장 내면적 핵심은 현재를 포함하고 또한 현재를 지니고 다닌다고 생각해야 한다.

우리는 살아가는 동안 언제나 시간의 종점이 아닌 중심점을 의식하며 생활한다. 그러므로 누구나 무한한 전체 시간의 움직이지 않는 중심점을 마음속에 지니고 다닌다. 기본적으로 인간이 죽음의 두려움을 느끼지 않고 하루하루를 살아가도록 확신을 주는 것도 바로 그것이다. 하지만 기억력이 좋고 상상력이 풍부해서 자신의 인생에서 오래전에 지나간 일을 매우 생생히 떠올릴 수 있는 자는 모든 시간에서 현재와의 동일성을 다른 누구보다 더욱 분명히 의식할 것이다.

만물의 동일성에 대한 명확한 인식은 철학적 발전을 위한 필수적 요건이다. 그러한 소질에 의해 우리는 가장 덧없는 것, 즉 현재 자체를 영영 지속되는 유일한 것으로 파악한다. 가장 좁은 의미의 실제에서 유일한 형태인 현재가 우리 안에 원천을 지닌다는 사실, 그러므로 현재는 외부가 아니라 내부에서 유래한다는 사실을 직관적으로 깨닫는 자는 자기 본질의 불멸성을 의심하지 않을 것이다. 오히려 그런 자는 자신이 죽을 때 실제 세계가 지성과 함께 소멸해 버리지만, 이것이 그의 존재에는 아무런 영향을 끼치지 않는다는 것을 파악할 것이다. 왜냐하면 그는 외적으로뿐만 아니라 내적으로도 엄연한 실재였기 때문이다. 그는 그런 사실을 잘 이해하고 이렇게 말할 것이다. "나는 전에 존재했고, 지금 존재하고, 앞으로도 존재할 모든 것이다."

이 모든 것을 인정하지 않는 자는 그 반대를 주장하고 이렇게 말할 것이다. "시간은 나와 전혀 무관하게 존재하는 무언가 순수하게 객관적이고 실재적인 것이다. 나는 그냥 우연히 던져져 있을 뿐이고, 시간의 어떤 작은 부분을 손에 넣어, 일시적인 실재에 도달한 것이다. 나 이전의 무수히 많은 사람도 그러했다. 그들은 지금 더 이상 존재하지 않고 무無가 되어 있다. 나 역시 곧 무로 돌아갈 것이다. 반면에 시간은 실재적인 것이다. 다시 말해 시간은 나 없이도 계속 앞으로 나아갈 것이다." 이 같은 견해가 근본적으로 잘못되었다는 것, 즉 불합리하다는 것을 내 표현의 단호함을 통해 느낄 수 있을 것으로 생각한다.

인생은 일장춘몽으로, 죽음은 잠에서 깨어난 것으로 볼 수 있다. 그렇다면 살아 있는 인격, 주체는 깨어 있는 의식이 아닌 꿈 속에 있으며 그 때문에 그런 깨어 있는 의식에게 죽음은 소멸로 나타난다. 이러한 관점에서 보면 죽음이란 우리에게 완전히 새롭고 낯선 상태로 넘어가는 것이 아니라, 오히려 원래 우리에게 고유한 상태로 되돌아가는 것으로 볼 수 있다. 그러한 본래의 상태에 비하면 우리의 인생은 하나의 짧은 에피소드에 불과하다.

252

삶의 모든 과정은 단 한 순간만 '존재한다'일 뿐이고, 그다음에는 영원히 '존재했다'가 된다. 우리는 밤마다 하루씩 더 빈곤해진다. 우리의 가장 깊은 곳에 영원히 마르지 않는 생명의 샘이 있다는 믿음이 없다면, 우리는 이토록 짧게 끝나는 생에 분노할지도 모른다.

그러므로 현재를 즐기고 그것을 삶의 목적으로 삼는 것이 가장 위대한 지혜라는 이론을 펼 수 있다. 다시 말해 오직 현실만이 실재하며, 다른 모든 것은 단지 사고의 유희에 불과하다. 하지만 이와 마찬가지로 그것을 가장 위대한 어리석음이라 칭할 수 있을지도 모른다. 다음 순간 더 이상 존재하지 않는 것, 꿈처럼 완전히 사라져 버리는 것은 결코 진지하게 추구할 가치가 없기 때문이다.

만약 죽음을 통해 지성을 잃는다면, 이를 통해 인식 없는 원상태로 옮겨질 뿐이다. 그 상태는 완전히 무의식적인 상태라기보다는 오히려 그 형식을 넘어 더 고상한 상태, 즉 주체와 객체의 대립이 사라지는 상태가 될 것이다. 여기서는 인식되는 것과 인식하는 것 자체가 사실상 또 직접적으로 하나가 될 것이기 때문이다.

우리는 죽음을 통해 자연 속에서 존속한다

254

세계의 본질을 인식한 사람은 죽음 속에서 삶을 보지만, 또한 삶 속에서도 죽음을 본다.

255

외부 세계와의 관계 때문에, 우리는 인식 작용의 주체인 인식 자아를 실제적인 자아로 간주하는 데 익숙해져 있다. 인식하는 나는 저녁에 지치고, 잠자는 동안 사라지고, 아침에 새로워진 힘으로 더 밝게 빛난다. 하지만 이 인식하는 자아는 우리의 가장 고유한 자아가 아니라 단순한 뇌의 기능일 뿐이다. 참된 자아, 우리 존재의 핵심은 그 뒤에 숨겨져 있

는 것으로 감정, 흥분, 열정이라고 부르는 것들의 온갖 변형
으로 의욕하거나 하지 않는 것, 만족하고 만족하지 않는 것
외에는 아무것도 알지 못한다. 인식 자아가 만들어 내는 것
이 바로 이러한 감정들이다. 참된 자아는 인식하는 나가 잠
자는 동안 함께 자지 않는다. 그리고 마찬가지로 그것이 죽
음 속에서 몰락할 때, 손상되지 않고 본래 상태를 유지한다.

256

살아 있는 존재는 죽음을 통해 절대적인 소멸을 겪는 것이
아니라 자연 속에서 자연 전체와 함께 존속한다.

257

죽음이란 삶을 담는 커다란 저수지다. 지금 생명을 지닌 모
든 것은 이미 그곳에 있었던 적이 있는 셈이다. 이곳에서 벌
어지는 요술쟁이의 눈속임을 파악할 능력이 우리에게 있다
면 모든 일이 분명 명백해질 것이다.

258

우리는 죽음을 통해 무엇을 잃어버리는지 잘 알고 있다. 그
러나 죽음을 통해 무엇을 얻는지는 알지 못한다.

죽음은 삶의 의지, 더 근본적으로 말하면 이기심이 자연의 과정을 통해 얻는 커다란 꾸짖음이다.

이기심의 본질은 사실 인간이 다른 사람 속이 아니라 자기 속에 혼자 존재한다고 잘못 생각함으로써 모든 현실을 자기 개인에게만 국한하는 데 있다. 죽음은 그 개인을 제거함으로써 그에게 더 나은 것을 가르쳐준다.

그러므로 그의 전체 자아는 이제부터 그가 이전에 비아로 보았던 것 속에만 살게 된다. 외부와 내부 사이의 차이가 사라지기 때문이다. 우리는 자신과 다른 사람들을 가장 적게 구별하는 사람, 타자를 절대적인 비아로 보지 않는 사람이 더 나은 사람임을 알고 있다.

죽음이란 우리 존재의 가장 깊은 핵심을 구성하지 않는 개체성의 일면적 성격을 해방하는 순간이다. 죽음은 오히려 우리 존재의 혼란으로 여겨질 수 있다. 참된 본연의 자유가 다시 나타나기 때문이다.

죽은 사람들 얼굴이 평화롭고 고요한 모습을 띠는 것은 그 때문인 것 같다.

우리의 꿈속에서 고인이 된 사람이 살아 있는 사람으로 나타나는 경우가 있다. 그들이 죽었다는 사실을 생각하지 못하고서 말이다. 이와 마찬가지로 우리가 지금 꾸는 삶의 꿈이 죽음으로 끝나자마자 이전의 삶과 죽음에 대해서는 아무것도 모르는 새로운 꿈이 시작될 것이다.

죽음으로 모든 것이 끝날지도 모른다는 걱정은 꿈속에서 꿈꾸는 사람 없이 단순히 꿈만 존재한다고 생각하는 것과 같다.

죽음으로 우리가 다시 돌아가는 상태는 존재의 원래 상태, 즉 자기 자신의 상태이다.

이 원래 상태에서 뇌 인지와 같은 지극히 간접적이고 임시적인 방편은 불필요해지므로 우리는 인지 능력을 잃어버린다. 인식은 현상계를 매개하는 단순한 수단에 불과하고, 그 이외에는 아무런 도움이 되지 않는다. 우리의 근원적 상태에서 동물적 의식을 유지할 수 있다고 해도, 마비 환자가

치유되면 목발을 거절하듯이, 우리는 의식을 단호히 거절
할 것이다.

263

모든 이는 자신이 단순히 타자에 의해 무에서 생겨난 존재
가 아닌 다른 어떠한 것으로 느낀다. 따라서 죽음이 자신의
삶은 끝낼 수 있을지 몰라도, 자신의 현존은 끝낼 수 없으리
라는 확신이 생긴다.

264

의지에 물들지 않은 순수한 인식은 자연히 이러한 질문으로
스스로를 드러낸다. 무한한 시간은 내가 태어나기 전부터
흘러갔다. 이 모든 시간을 거쳐온 나는 어떤 존재란 말인가?
　형이상학적으로 한 사람은 이렇게 대답할 것이다. "나는
항상 나였다. 말하자면 그 모든 시간 동안 나라고 말한 모든
사람들이 바로 나였다."

265

수천 년간의 죽음과 부패에도 아직 아무것도 소실되지 않
았다. 자연이 나타내는 내적 존재 그 어떤 것도 마찬가지다.

따라서 우리는 매 순간 기분 좋게 외칠 수 있다. "시간, 죽음, 부패에도 불구하고 우리는 여전히 함께 있다."

266

어떠한 개인이나 어떠한 행동도 중요하지 않은 것은 없다. 모든 개인 속에, 또한 온갖 행동을 통해 인류의 이념은 점점 더 전개된다.

연민과 온정의 철학자 쇼펜하우어

― 홍성광

칸트의 후계자

아르투어 쇼펜하우어(Arthur Schopenhauer, 1788~1860)는 근대에서부터 본격적으로 전개된 이성주의 철학에 정면으로 도전한 사상가이다. 무엇보다도 그는 헤겔의 관념론에 정면으로 반대하는 의지의 형이상학을 주창한 인물로 중요하다. 그의 글은 나중에 생철학, 실존철학과 수많은 작가들, 그리고 프로이트와 융의 심리학에 큰 영향을 끼쳤다.

이 책은 19세기의 가장 독창적이고 도발적인 사상가들 중 한 명인 쇼펜하우어의 전체 저작인『충분근거율의 네 겹의 뿌리에 대하여』,『의지와 표상으로서의 세계』,『자연에서의 의지에 대하여』, 『윤리학의 두 가지 근본 문제』, 『소품과 부록』(국내 번역서 『쇼펜하우어의 행복론과 인생론』) 그리고 편지에서 행복, 진리, 삶의 의지, 마음의 선함, 현명함, 구원과 관련되는 주제를 다룬 핵심 문장을 정선해서 실은 것이다.

쇼펜하우어는 칸트철학이야말로 자신의 사상을 이해하기 위해 알아야 하는 유일한 사상이라는 점을 강조한다. 쇼펜하우어는 자신은 칸트주의 학자이므로 그와 자신의 관계를 이렇게 한 마디로 특징짓는다. "칸트는 우리가 경험과 그 가능성을 넘어서는 것은 아무것도 알 수 없다고 가르친다." 하지만 쇼펜하우어는 경험 자체가 설명 가능하다고 주장한다. 더불어 플라톤 학파의 사상과 우파니샤드 철학을 알고 있다면 자신의 사상을 더 잘 이해할 것이라고 말한다. 특히 쇼펜하우어는 우파니샤드 사상의 단편적인 말들이 자신의 사상의 결론과 같다는 점을 밝힌다. 이해를 돕기 위해 그의 작품을 간단히 살펴보기로 하겠다.

충분근거율의 네 겹의 뿌리에 대하여

쇼펜하우어는 박사 논문 「충분근거율의 네 겹의 뿌리에 대하여Über die vierfache Wurzel des Satzes vom zureichenden Grunde」(1813, 개정판 1847)에서 무엇보다 강조하는 것은 근

거율은 현상계에만 적용되는 원리라는 것이다. 즉 근거율을 통해 파악할 수 있는 세계는 사물 자체가 아니라 표상으로서의 세계라는 것이다. 쇼펜하우어에 따르면 충분근거율은 네 가지 종류가 있는데, 생성의 충분근거율은 자연과학에서 원인과 결과를 필연적으로 결합하는 원리이고, 인식의 충분근거율은 논리학에서 전제와 결론을 필연적으로 결합시키는 원리이다. 존재의 충분근거율은 산술과 기하학에서 표상들을 시간과 공간적으로 결합시키는 원리이며, 행위의 충분근거율은 표상들을 동기에 의해 필연적으로 결합시키는 원리이다. 쇼펜하우어는 칸트의 이성 비판이 이룬 결과가 피히테, 셸링, 헤겔 같은 철학 교수들에 의해 왜곡되고 있음을 비판한다. 그러면서 쇼펜하우어는 칸트가 범한 오류를 지적하며 그의 오류를 보완하는 자신의 이론을 제시한다. 이런 점에서 그는 이 논문을 '일시적이고 헛된 이념을 좇아 사라져가는 자기 세대의 사람들이 아니라 후손들과 인류를 위해' 썼다며 대담한 선언을 했다.

의지와 표상으로서의 세계

쇼펜하우어는 주저 『의지와 표상으로서의 세계Die Wlet als Wille und Vorstellung』(1818, 제2판 1844, 제3판 1859)는 "세계는

나의 표상이다"라는 문장으로 자신의 철학을 시작한다. 그는 이 문장이 모든 인식하는 존재자에게 적용되는 진리라고 주장한다. 그렇다면 이 문장은 무엇을 의미하는가? 간단히 말하면 우리는 표상으로서의 세계 즉, 사물의 현상만을 인식할 수 있을 뿐 사물 자체는 인식할 수 없다는 것이다. 이 저서가 근대 철학의 진수를 보여주는 뛰어난 작품성에도 불구하고 오랫동안 외면받은 것은 번번이 오해받은 '의지' 개념 탓이기도 하다. 쇼펜하우어 철학에서 의지는 이성의 힘이 아니라 삶에의 맹목적 본능, 충동, 욕망 등을 가리킨다. 그는 인간만이 이 진리를 반성적, 추상적으로 의식할 수 있고, 인간이 실제로 이것을 의식할 때 철학적인 사려 깊음이 생긴다고 말한다. 그에게 현상은 표상을 의미할 뿐 그 이상의 무엇도 아니다. 어떤 종류든 모든 표상, 즉 모든 객관은 현상이다. 쇼펜하우어는 표상이 아니고 표상과는 전적으로 다르다는 의지를 사물 자체로 본다. 모든 표상, 모든 객관은 의지가 현상으로 나타나 가시화된 것, 즉 의지의 객관성이다. 의지는 모든 개체 및 전체의 가장 심오한 부분이자 핵심이다. 의지는 맹목적으로 작용하는 모든 자연력 속에 현상하고 숙고를 거친 인간의 행동 속에서도 현상한다.

모든 의욕은 욕구에서, 즉 결핍이나 고뇌에서 생긴다. 이 욕구는 충족되면 끝난다. 하지만 하나의 소망이 성취되더라도 적어도 열 개의 소망은 이루어지지 않고 남는다. 더구나 욕망은 오래 지속되고, 요구는 끝없이 계속된다. 즉, 충족은 짧은 시간 동안 불충분하게 이루어진다. 그런데 심지어 최종적인 충족 자체도 겉보기에만 그럴 뿐, 소망이 하나 성취되면 즉시 새로운 소망이 생긴다. 의욕한 대상을 얻지 못하면 확고하고 지속적인 충족을 얻을 수 없다. 모든 충족, 또는 흔히 행복이라 부르는 것은 원래 본질적으로 언제나 소극적인 것에 불과하며 결코 적극적인 것이라고 할 수 없다. 그것은 근원적으로 저절로 우리에게 와서 우리를 행복하게 하는 것이 아니라 언제나 어떤 소망이 충족되는 것이어야 한다. 왜냐하면 소망, 즉 부족이란 모든 향유의 선행 조건이기 때문이다.

자연에서의 의지에 대하여

1836년 출간된 『자연에서의 의지에 대하여Über den Willen in der Natur』에서 쇼펜하우어는 자연과학에서의 연구 결과를 자신의 형이상학적 연구와 결합해 자신의 의지론을 정당화한다. 그는 의지가 지성으로부터 독립적이며 지성이 자연을 산출한 것이 아니라 자연이 지성을 산출했다고 주장한다. 그는 이 책에서 당시 자연과학의 연구 성과를 기술하면서 그 성과를 자신의 철학과 연결시킨다. 1854년에 개정판이 나왔을 때는 초판이 나왔을 때와는 시대 상황이 달라진다. 헤겔 철학에 대해 포이어바흐 같은 유물론적 사상가들이 비판을 가했으며, 콩트의 실증주의를 비롯해 자연과학에 기초해 세계를 설명하려는 시도가 시대정신이 되었다. 그리하여 쇼펜하우어의 철학도 점차 학계의 관심을 끌게되었다. 포이어바흐는 그때까지 아무도 이루지 못한 사유의 전회가 이 책에서 일어났다고 평가한다. 쇼펜하우어는 『자연에서의 의지에 대하여』에서 자기 철학의 핵심 개념인 무의식적 의지를 집중적으로 다룬다. 그는 자연과학과 언어학 그리고 중국학까지 망라하는 모든 학문 영역의 연구 결과를 통해 동식물뿐 아니라 무기물에서도 의지 현상이 드러난다는 것을 제시한다. 즉 그는 물리학, 병리학, 비교해부학, 식물생리학, 물리 천문학에서의 자연과학적 증거들을 통해 '의지'가 인간뿐만 아니라 자연현상과 물리적 과정에도 작용한다는 것을 보여주었다.

윤리학의 두 가지 근본 문제

1839년 노르웨이 왕립학술원 현상 논문인 『의지의 자유에 대하여Über die Freiheit des Willens』에서는 인간 의지의 자유의 불합리함을 명백하고 체계적으로 증명한다. 1840년 덴마크 왕립학술원에서 제시한 현상 논문인『도덕의 기초에 대하여Über die Grundlage der Moral』에서는 칸트 윤리학에 대한 비판과 아울러 쇼펜하우어 자신의 윤리학의 근거를 제시한다. 그는 그 논문에서 칸트의 이론 철학, 특히 초월적 감성론은 탁월한 성찰이라고 극찬한 반면, 그의 명령과 의무 윤리학을 비판하고 자신의 고유한 연민의 윤리학을 내세운다. 그는 이 두 논문을 묶어서『윤리학의 두 가지 근본 문제』라는 제목으로 책을 펴냈다.

쇼펜하우어는 절대적 당위, 무조건적 의무와 같은 개념들은 형용모순이라고 본다. 당위는 벌이나 보상과 관련해서만 의미를 가질 수 있으며, 절대적 당위를 의미하는 정언명령이란 있을 수 없고, 이기적 동기에 근거하는 가언적 명령만 있을 뿐이라고 주장한다. 쇼펜하우어는 윤리학의 최고 원리로 "누구도 해치지 마라. 오히려 네가 할 수 있는 한 모든 이를 도와라!"를 제시한다. 이를 통해 그는 정의와 인간애라는 두 가지 근본 덕을 도출해낸다. 쇼펜하우어는 행위자 자신의 쾌락을 추구하고 고통을 제거하려는 행위는 이기적인 행위인 반면, 타인의 쾌락을 증진시키고 고통을 제거하려는 행위는 도덕적 가치를 지닌다고 말한다. 그러나 쾌락의 무한한 추구를 정당화하는 공리주의의 편에 서지 않고, 결핍의 지양과 고통의 사라짐을 행복이라고 보는 에피쿠로스의 정의를 받아들인다. 쇼펜하우어는 인간 행위에 이기주의, 악의, 연민이라는 세 가지 근본 동인이 있다고 말한다. 이기주의는 무한정 자신의 쾌를 바라는 반면, 극심한 잔인성에까지 이르는 악의는 타인의 고통을 원한다. 타인의 쾌를 기뻐하는 연민은 고결함과 관용에까지 이른다.

소품과 부록

『소품과 부록Parerga und Paralipomena』은 1851년에 나온 작품으로『소품Parerga』에서『삶의 지혜를 위한 아포리즘Aphorismen zur Lebensweisheit』이, '부록Paralipomena'에는 다양한 주제의 글이 실려 있다. 특히『삶의 지혜를 위한 아포리즘』은 순식간에 독일 교양 시민들의 필독서가 되었다. 쇼펜하우어는 지혜를 이론적인 완전성뿐만 아니라 실천적인 완전성도 나타내는 말로 보고, 사물 전반에 대한 완전하고 올바른 인식, 즉 사람에게 완전히 스며들어 어디서나 그의 행동을 이끌므로 이제 행동에서도 드러나는 인식이라고 정의한다. 그의 가르침은 최악의 경우를 예측하는 까닭에 매번 차악을 찾아내는 지혜를 담고 있다.

주저 『의지와 표상으로서의 세계』의 부록에 불과한 『소품과 부록』이 뜻하지 않게 세속적 성공을 거두면서 쇼펜하우어의 명성이 점차 높아져 갔다. 사람들은 이제 뒤늦게 쇼펜하우어의 주저에 관심을 가졌다. 마치 눈사태가 난 것처럼 사람들은 쇼펜하우어에 새삼 열광했다. 그 전에 36년 동안 극단적인 냉대를 당하던 것과는 정반대 현상이 벌어진 것이다. 그리하여 이 에세이집은 출판사의 예상과는 달리 시대를 뛰어넘어 오늘날까지 널리 대중의 사랑을 받는 작품이 되었다. 이는 오랜 세월 동안 무명의 시간을 보낸 쇼펜하우어가 좌절과 시련을 겪고 은둔생활을 하면서 갖게 된 삶의 지혜가 문장 속에 고스란히 녹아 들어가 있기 때문일 것이다. 1848년의 독일 혁명이 실패로 돌아가고 민주화가 좌절된 것도 책의 성공에 도움을 주었다.

인간은 욕망의 덩어리다

인간을 욕망의 덩어리, 사악한 존재로 보는 쇼펜하우어는 윤리의 토대를 파악하기 위해 노력한다. 그의 견해에 의하면 도덕은 타인의 고통을 자신의 고통으로 보는 동고同苦에서 성립한다. 쇼펜하우어는 이것이 바로 도덕과 윤리의 토대라고 주장한다. 그에게 윤리는 실용적이고 응용된 형이상학이다. 그것은 시간과 공간의, 그리고 물질적 대상의 덧없는 세계 밖으로 나가면 의지 현상에 의해 우리는 모두 하나가 된다는 사실에 기초하고 있다. 그의 철학에 따르면 초월계와 현상계가 다른 방식으로 보이는 동일한 실재이기 때문에 초월계도 무언가 끔찍한 세계라는 결론이 나온다. 일반적으로 다양한 신앙을 가진 종교인들이 대개 이 세계를 비참한 눈물의 골짜기로 보지만, 그들은 시공간의 세계 바깥에 존재한다고 믿는 어떤 것에 대해서는 도덕적으로 긍정적으로 보고 자비로운 것이라 말한다. 하지만 쇼펜하우어는 그렇게 생각하지 않았다. 그는 초월계를 맹목적이고 목적도 없으며 도덕과 무관한 힘이나 충동으로 보았다. 그것이 현상계에 나타날 때는 맹목적인 충동으로 나타나며, 현존하는 실체나 각 대상물은 그 충동이 구현된 모습이라는 것이다. 이렇게 주장하면서 쇼펜하우어는 인간을 통합하는 주된 열쇠가 이성이며, 윤리의 기초는 합리성이라는 칸트의 견해를 반박한다.

모든 사랑은 연민이다

칸트는 이성적 동물인 인간의 존엄성만 인정하지만, 쇼

펜하우어는 심지어 이성이 없는 동물에게도 모든 존재의 동일성을 말하는 힌두교의 '그것은 그대다'tat twam asi 정신을 발휘하여 동정심을 가져야 한다고 주장한다.

반면에 이기주의자는 자신이 다른 사람의 적대적인 현상에 에워싸여 있다고 느끼고, 모든 희망은 자신의 안녕을 토대로 한다. 선한 사람은 자신과 친근한 현상들의 세계에 살고 있다. 그 모든 현상의 안녕은 그 자신의 안녕이다. 살아 있는 모든 것 속에서 영속적으로 자기 자신의 본질을 인식하는 사람의 기분은 평정을 얻게 되고 심지어 명랑하게 되기도 한다. 그런데 나의 것이 아니고 나와 무관한 고통이 직접적으로 나 자신의 동기가 되어 나를 행동하게 만드는 것이 어떻게 가능하단 말인가? 그것은 내게 단지 외적인 것으로서, 단순히 외적인 직관이나 통지에 의해 내게 주어진 것임에도 그 고통을 내가 함께 느끼고, 나의 고통으로 느끼고, 그렇지만 내 안에서가 아니라 남의 안에서 느끼는 것으로 가능하다.

연민에서 선한 마음이 생긴다

이러한 동정심에서 선한 마음이 생긴다. 마음의 선함, 즉 온정은 생명을 가진 모든 것에, 특히 인간에게 깊이 공감한 보편적인 연민에 그 본질이 있다. 지능이 높아질수록 고통 감수성도 높아지기 때문이다. 마음의 선함은 다른 모든 사람과 심지어 동물까지 자신과 동일시하는 원리이다. 그가 동물, 특히 개를 벗 삼으며 아끼는 것은 그 때문이다. 그렇게 되면 타자의 고통이 우리의 행동을 규정하는 일이 많아진다. 따라서 무엇보다도 성격의 선함은 어떤 일에서든 다른 사람을 해치는 것을 저지할 것이다. 그리고 다른 사람이 어떤 고통을 당하든 그를 돕도록 촉구할 것이다. 마음의 선함은 의지보다 인식의 우월해서 생기는 것으로 볼 수 있다. 왜냐하면 결국 자신의 의지와 그 의지의 직접적인 충족보다 단순히 타자의 고통의 인식이 우리의 행동을 더 많이 규정함으로써 인식이 생겨나기 때문이다. 또한 마음의 선함은 머리가 이미 어린 시절로 돌아가기 시작하는 약점을 보여줄 때도 노인이 여전히 존경과 사랑을 받게 한다. 온유함, 인내심, 솔직함, 진실함, 사심 없음, 박애주의 등은 평생에 걸쳐 보존되며 노쇠해도 사라지지 않는다. 그러한 요소들은 겨울 구름 사이로 떠오르는 태양처럼 노쇠한 백발노인의 모든 밝은 순간에 감소하지 않고 나타난다. 마음의 선함이 대단히 많이 존재하는 곳에서는 그것은 세상을 포용할 정도로 마음을 크게 만들어, 이제 모든 것이 그 마음 안에 있고 아무것도 그 밖에 있지 않게 된다. 마음의 선함은 모든 존재를 자신의 존재와 동일시하기 때문이다.

해탈은 어떻게 가능한가?

그러나 동고, 동정의 도덕에 의해서도 인간은 결국 궁극적 해탈을 얻지는 못한다. 자기의 개성을 버리고 인간 상호 간에 공통적인 고통을 동감하는 데서 동정이 인간의 고뇌를 덜어 주기는 하나, 삶에의 맹목적 의지를 긍정하고 있는 이상 그것이 고뇌로부터의 완전한 해탈일 수는 없다. 우리의 동정심이 형이상학적인 진리에 기초하고 있지만 결국 실천할 때가 되면 우리는 모두 도살장에 모인 동물처럼 행동하는 것이다. 고해의 근원이 의지에 있는 것이라면, 우리는 차라리 이 의지 자체를 근절해야 한다. 이때 의지의 초점은 생식기에 의해 구현되는 성욕에 있다. 인간의 이러한 죄지을 본성 때문에 쇼펜하우어의 원죄설이 생겨난다.

우리가 삶과 세계에서 완전히 해방되려면 이 삶에의 의지, 존재하려는 의지를 극복해야 하는데, 그러기 위해서는 의지를 놓아버리는 것이 필요하다. 쇼펜하우어는 유일한 행운은 태어나지 않는 것이라고 했지만, 자살은 오히려 적극적이고 격렬한 의지의 표명이므로 자살을 결코 옹호하지 않았다. 자살하는 자는 삶을 격렬하게 의욕하지만 자신이 처한 삶의 조건에 만족하지 못할 뿐이다. 뿐만 아니라 세계의 비극과 타인의 고통의 양을 줄여야 하는 상황에서 자살은 오히려 그것을 늘리는 행위이기도 하다. 쇼펜하우어가 자살에 반대하는 근거는 자살이란 비참한 이 세상에서 실제적인 구원을 받는 것이 아니라 단지 엉터리 구원만을 받는 것에 지나지 않으므로, 최고의 도덕적 목표에 도달하는 것에 배치되기 때문이다. 이처럼 그가 자살을 도덕적 견지에서의 잘못이라고 반대하는 것과 기독교 사제가 그것을 부정하는 것 사이에는 큰 차이가 있다. 사제는 자살을 '모든 것이 보기 좋았노라'라고 말한 신의 비위에 거슬리는 행위로 본다. 또한 사제가 자살을 범죄라고 낙인찍는 것은 고난 (십자가)이 바로 삶의 본래적인 목적인데, 자살은 그런 진리에 반하기 때문이다. 그러나 쇼펜하우어는 누구든 자신의 몸이나 목숨에 대해 확실한 권리를 갖고 있다는 것은 인정한다.

그래서 쇼펜하우어는 궁극적으로 의지에서 벗어나는 상태인 해탈을 주장하는데, 그는 금욕과 무의지에 의해 비로소 진정한 해탈이 가능하다고 본다. 삶에의 의지의 부정이란 흔히 알고 있듯 자살이 아니라 해탈, 즉 범아일여梵我一如

인 것이다. 말하자면 삶에의 의지의 부정이란 어떤 실체를 없애버리겠다는 말이 아니라 단순히 의욕하지 않는 행위, 다시 말해 지금까지 의욕해 온 것을 더 이상 의욕하지 않는 것을 뜻한다. 따라서 진정한 해탈을 구하는 자는 공허한 무로 몰입해야 한다. 이와 같이 해탈한 자의 눈에는 세계란 본래 무의미하고 무가치한 것이다. 이리하여 쇼펜하우어는 고대 인도와 불교의 요소로 채색된 염세적 허무주의에 도달하게 된다.

현재를 즐겨라

쇼펜하우어는 인생이란 어차피 불행하고 고통스러울 수밖에 없다고 보면서도, 또한 바로 그렇기 때문에 오히려 현재를 즐기고 인생의 향유를 삶의 목적으로 삼는 것이 위대한 지혜라고 말한다. 다시 말해 오직 현실만이 실재하며, 다른 모든 것은 단지 사고의 유희에 불과하기 때문이다. 하지만 이와 마찬가지로 행복의 추구를 가장 위대한 어리석음이라 칭할 수 있을지도 모른다. 다음 순간 더 이상 존재하지 않는 것, 꿈처럼 완전히 사라져 버리는 것은 결코 진지하게 추구할 가치가 없기 때문이다. 중요한 것은 어쩔 수 없는 불행인지, 아니면 자기 자신으로 인한 불행인지 분별하는 일이다. 불행한 중에도 남아 있는 긍정적인 가치를 인식하여 현재의 행복으로 누릴 줄 아는 지혜가 필요하다. 또 쇼펜하우어는 중요한 것은 현재라고 말하는 데 그치지 않고 미래에 대한 근심은 종종 무익하고 과거에 대한 미련은 항상 무익하다고 설명한다.

이성적 지혜로 욕망을 다스려라

쇼펜하우어의 철학 체계를 보면 고통으로부터의 구원은 불가능하다고 생각된다. 그러나 쇼펜하우어는 인간의 이성은 의지의 지배를 받기도 하지만 이성을 통해 의지를 통제하고 더 나아가 의지를 부정할 수 있다고도 말한다. 인간은 욕망에 사로잡힌 존재이기도 하지만 순수한 인식의 주체가 될 수도 있다는 것이다. 이성은 때때로 욕망의 명령에 맞서 냉담한 반응을 보이기도 한다. 특히 뛰어난 지성의 소유자는 의지의 명령에 무조건적으로 복종하는 것이 아니라 의지를 제압해서 지배하기도 한다. 인간에게는 부와 향락에의 욕망이 강하게 존재하지만 그러한 욕망을 다스릴 수 있는 이성적인 지혜도 존재하는 것이다. 삶 자체가 고통이긴 하지만 삶에 대해 우리가 어떤 태도를 취하느냐에 따라서 우리의 삶이 더 고통스러워질 수도 있고 덜 고통스러울 수 있다. 감각적 욕망의 노예 상태에서 벗어남으로써 덜 고통 스러울 수 있는 것이다.

속박에서 벗어난 상태가 진정한 자유다

쇼펜하우어는 개체 보존 욕구, 종족 번식 욕구, 이기심으로 나타나는 삶에의 의지를 부정함으로써 그것의 속박에서 벗어난 상태가 바로 진정한 자유라고 본다. 그러한 상태는 소박한 식사, 정결, 청빈의 형태로 나타난다. 고통의 긍정, 동정, 금욕을 강조하는 쇼펜하우어의 철학은 단지 삶의 포기나 삶으로부터의 도피가 아니라 맹목적인 삶에의 의지를 극복하려는 적극적인 시도이다. 삶 자체가 고통이라는 자신의 의지철학과 모순되는 그의 행복론은 이런 관점과 노력에서 비롯한다. 그는 철학의 궁극 목표는 '초월'에 두면서도 동시에 실제 삶에서는 '현세의 사람'으로 남아 현실적인 향유를 중시한 철학자였다.

죽음은 우리의 원래 상태로 되돌아가는 것이다

쇼펜하우어는 죽음이란 삶을 담는 커다란 저수지라고 본다. 세계의 본질을 인식한 사람은 죽음 속에서 삶을 보지만, 또한 삶 속에서도 죽음을 본다. 지금 생명을 지닌 모든 것은 이미 그곳에 있었던 적이 있는 셈이다. 그러기에 살아 있는 존재는 죽음을 통해 절대적인 소멸을 겪는 것이 아니라 자연 속에서 자연 전체와 함께 계속 존속한다. 세계의 본질을 인식한 사람은 죽음 속에서 삶을 보지만, 또한 삶 속에서도 죽음을 본다. 죽음으로 우리가 다시 돌아가는 상태는 존재의 원래 상태, 즉 자기 자신의 상태이며, 그것의 근원적 힘은 지금 종료되는 생명의 창조와 유지에서 나타난다. 죽음은 이기심을 지닌 개인을 제거함으로써 그를 질책하며 더 나은 것을 가르쳐준다. 쇼펜하우어는 수천 년간의 죽음과 부패에도 아직 아무것도 잃은 것이 없다고 말한다. "자연으로서 나타나는 내적 본질 면에서 물질의 원자는 더 줄어들지 않았다. 따라서 우리는 매 순간 기분 좋게 이렇게 외칠 수 있다. '시간, 죽음, 부패에도 우리는 여전히 함께 있다.'"

1788년 2월 22일 유럽 폴란드의 항구 도시인 그단스크(단치히)에서
부유한 상인이었던 아버지 하인리히 쇼펜하우어Heinrich Floris
Schopenhauer와 작가인 어머니 요한나 헨리에테 쇼펜하우어
(Johanna Henriette Schopenhauer, 결혼 전 성은 트로지너)의 장남
으로 출생했다. 3월 3일 그단스크의 마린키르헤 교회에서 세
례를 받는다. 본래 쇼펜하우어 가문은 네덜란드 사람이었으나
아르투어의 증조부 때에 단치히로 이사했다고 한다. 고집스러
운 성격의 아버지는 볼테르를 좋아하고 문학에 조예가 깊으
며 자유와 독립을 사랑하는 공화주의자였다. 허영기가 있으며
필력이 뛰어난 어머니는 소설과 여행기를 낸 당대 인기 작가
였다.

1793년 3월 (5세) 자유도시 단치히가 프로이센에 합병되자 실망한 쇼
   펜하우어의 아버지는 재산을 버리고 또다른 자유도시인 함부
   르크로 이주했다.

1797년 6월 13일 (9세) 여동생 아델레가 태어났다. 7월 프랑스 르아브
   르에 있는 아버지의 사업 파트너인 그레고아르 드 블레지메르
   의 집에서 2년간 지내는 동안 그의 아들 앙티메와 친해지며 프
   랑스어를 배운다. 아버지는 쇼펜하우어가 프랑스어를 확실히
   익히길 원했고 그 결과에 무척 만족스러워했다.

1799년 8월 (11세) 프랑스에서 돌아와 룽게 박사의 사립 상업학교에 입
   학하여 4년간 공부했다. 아버지는 쇼펜하우어가 자신의 뒤를
   이어 상인이 되기를 희망했으나, 아르투어는 자신의 집에 드나
   들던 저명한 문인들의 영향으로 문학, 예술을 동경하기 시작했
   다. 아버지 하인리히는 고등학교에 입학하든가 부모를 따라
   여행하든가 선택하라고 해서 아르투어는 여행을 하기로 선택
   했다.

1800년 7월 (12세) 아버지와 함께 3개월간 하노버, 카를스바트, 프라
   하, 드레스덴을 여행했다.

1803년 5월 (15세) 아버지의 권유로 상인이 되기로 약속하고 온 가족과
   함께 네덜란드, 잉글랜드로 여행했다. 이 여행은 상인이 되기
   싫어하는 쇼펜하우어를 달래기 위한 것이었다. 런던에 도착하
   여 신부 랭카스터의 집에서 머물며 런던 윔블던의 어느 기숙

학교에 12주간 재학하면서 영어 실력을 키웠다.

1804년(16세) 프랑스로 여행했으며 다시 스위스, 빈, 드레스덴, 베를린을 거쳐 돌아왔다. 쇼펜하우어는 여행 도중에 사색하며 많은 일기를 썼는데 삶에 진지한 고민이 많았다. 9월 단치히의 무역상 카브룬에게 상인 실습을 시작했으나 관심이 없었다. 9월 단치히의 마린키르헤 교회에서 안수 의례를 받는다.

1805년 1월(17세) 함부르크의 거상 예니쉬의 상업 사무실에서 수습사원으로 근무하기 시작. 4월 20일 아버지가 창고 통풍창에서 떨어져 사망했는데 실은 우울증에 시달리다 자살한 것으로 추정된다. 이때부터 어머니에 대한 반감을 갖게 된다.

1806년 9월(18세) 아버지의 사망 후 어머니 요한나는 상회를 정리한 후 딸 아델레와 함께 바이마르로 이주했다. 아르투어만 함부르크에 남아서 상인 수습을 지속했다. 쇼펜하우어는 몰래 근무지를 이탈하여 골상학으로 유명한 프란츠 요제프 갈의 공개 강연을 들으러 가기도 했으며, 아버지의 희망대로 상인이 될 생각은 없었다. 10월 문학 살롱을 연 요한나 쇼펜하우어는 괴테 등 유명 작가들과 친교를 맺고 우정을 나누며 활발한 사교 생활을 해나가면서 대중 작가와 문학 살롱의 마담으로서의 입지를 확보한다.

1807년 5월(19세) 어머니의 권유로 상인 수습을 중단한 뒤 6월 고타에 있는 김나지움에 입학했다. 고전학자인 교장 되링에게서 매일

2시간씩 라틴어를 지도받았고, 그리스어를 엄청난 열정으로 학습한다. 12월 교사 슐체를 풍자하는 시를 썼다가 질책을 들은 후 김나지움을 그만두고 바이마르로 이사했지만 어머니, 여동생과 같은 집에서 살지 않고 다른 집에서 혼자 하숙한다. 이 무렵 어머니의 행실에 반감을 품고 이후 불화를 겪게 된다. 바이마르의 아우구스트 대공의 애첩인 배우 겸 가수인 카롤리네 야게만을 짝사랑하게 된다.

1808년(20세) 대학교 입학 준비를 하며 라틴어, 그리스어, 수학, 역사 등을 공부함. 브레슬라우대학 교수 파소우로부터 그리스어를, 김나지움의 교장 렌츠에게서는 라틴어 개인 지도를 받았다. 에르푸르트를 방문하여 어느 극장에서 나폴레옹이 주최한 연극들이 공연되었는데 쇼펜하우어는 관람할 기회를 얻었다. 연극이 시작되기 전에는 나폴레옹에게 욕설을 해대더니 연극이 끝난 후에는 나폴레옹에게 극찬을 해대느라 호들갑 떠는 여성 관객(지위 높은 귀족 여성)들을 쇼펜하우어는 신랄하게 비난했다.

1809년(21세) 쇼펜하우어는 21세의 성년이 되어 아버지 유산의 1/3(1년 이자가 약 50파운드)을 물려받는다.

1809년~1811년(21세~23세) 괴팅겐대학교 의학부에 입학하여 한 학기 동안 의학을 공부했지만 철학에 더 흥미를 두었다. 대학에서 화학, 물리학, 천문학, 수학, 언어학, 법학, 역사 등 여러 강의에 적극적으로 참여해서 공부한다. 쇼펜하우어는 학교의 몇몇 천박한 교수들의 강의보다도 이미 죽고 없는 과거의 위인들이 남긴 작품들이 더 가치 있을 때가 많다고 생각했다. 강의에 대한 개인적인 감상문과 논평을 많이 썼으며 몇몇 교수들의 견해를 비판하고 논리적으로 반박하는 발언을 서슴지 않았다.

1810년(22세) 철학자인 고틀로프 에른스트 슐체Gottlob Ernst Schulze의 강의를 들었다. 칸트파 학자인 슐체에게 특히 플라톤과 칸트를 깊이 연구해보라는 조언을 들었다. 스승 슐체의 진지한 조언은 쇼펜하우어에게 큰 영향을 끼친다. 겨울 학기에 플라톤, 칸트, 셸링의 저서를 읽는다.

1811년(23세) 어머니가 당시 독일 문학계의 거장인 크리스토프 빌란트에게 쇼펜하우어가 철학 전공을 못 하도록 설득해줄 것을 부탁함. 78세인 빌란트는 23세의 쇼펜하우어를 만나 설득은커녕 쇼펜하우어의 태도에 감명을 받아서 '위대한 인물'이 되리라는 예언을 요한나에게 하며 아르투어에게 자상한 조언과 격려를 해주었다. 결국 쇼펜하우어는 제대로 철학을 공부하기로 결심하여 가을에 베를린대학교(현 베를린 훔볼트대학교)로 전학했다. 베를린대학교에서는 여러 자연과학 강의를 들었고, 피히테, 슐라이어마허의 강의도 들었다. 당대의 유명 학자였던 셸링, 피히테의 사상을 공부했으나 회의를 품고 이들을 혐오하게 되었다. 반면에 고전학자 프리드리히 아우구스트 볼프가 주도하는 고대 그리스 역사와 철학 강의에 쇼펜하우어는 존경심을 표했다.

1812년(24세) 플라톤, 칸트 등 여러 사상가를 본격적으로 탐구함. 베이컨, 존 로크, 데이비드 흄 등의 영국 사상가를 깊이 연구함. 슐라이어마허의 강의를 열심히 들었지만 종교와 철학의 합일을 주장한 그에게 커다란 감명을 받지 못했다.

1813년(25세) 오스트리아, 프로이센, 러시아 연합군과 프랑스 나폴레옹 군대 사이에 전쟁이 재발했다. 쇼펜하우어는 5월 2일 베를린을 떠나 바이마르에 잠시 머물다가 어머니와 다툰 뒤 루돌슈타트에서 학위 논문인 『충분근거율의 네 겹의 뿌리에 대하여 Über die vierfache Wurzel des Satzes vom zureichenden Grunde』를 완성했다. 이 논문을 예나대학교에 제출하여 철학 박사 학위를 받았다. 11월 바이마르로 돌아온 쇼펜하우어는 괴테에게 자신의 박사 학위 논문을 증정했다. 괴테는 이 논문을 보고 나서부터 쇼펜하우어를 제대로 지지하였다. 수개월 동안 괴테와 교제하며 색채론에 관해서 연구하며 토론했고 괴테는 연구에 필요한 지원을 많이 해주었다. 괴테는 가끔 쇼펜하우어를 자기 집에 초대해 다양한 주제를 놓고 대화를 나누었다. 동양학자인 마예르와 교제하며 인도 철학을 접하게 되면서 바이마르의 공공도서관에서 아시아 관련 잡지를 읽고 탐구하기 시작했다.

1814년 3월(26세) 바이마르의 공공도서관에서 『우파니샤드』의 라틴어 번역본 『우프넥하트』를 읽고 탐구했다. 4월 어머니, 어머니의 친구 게르스텐베르크와 쇼펜하우어는 심각한 갈등을 겪었고, 5월 드레스덴으로 간 다음에는 다시는 어머니를 만나지 않았으나 편지 교류는 가끔 했다.

1814년~1818년(26세~30세) 드레스덴에 거주하며 1815년부터 『의지와 표상으로서의 세계Die Welt als Wille und Vorstellung』를 구상하고 집필하기 시작한다.

1816년 5월(28세) 괴테와 색채론에 관해 토론하며 얻은 결실인「시각과 색채에 대하여Über das Sehn und die Farben」가 발표되었다.

1818년(30세) 3월 일생의 역작 『의지와 표상으로서의 세계』를 완성하여 12월에 출판일이 1819년으로 인쇄된 초판본이 출간되었다. 자신의 책이 역사적 의의가 있다는 것을 확신하던 쇼펜하우어는 1년 동안 100권밖에 팔리지 않자 자신의 책을 몰라보고 무시하는 태도를 취하는 동시대 교수들에 대한 증오심이 차올랐다. 쇼펜하우어는 괴테의 며느리(오틸리에)와 친분이 있던 여동생 아델레의 편지를 통해 괴테가 이 책을 흡족한 마음으로 읽었다는 것을 알았다. 책 출판을 기념 삼아 이탈리아의 피렌체, 로마, 나폴리, 베네치아로 여행했다. 1819년 봄에는 나폴리를 방문하여 영국 청년들과 교류했다. 쇼펜하우어는 평생 동안 영국을 동경했으며 영국인들조차 그가 영국인인 줄 알 정도로 완벽한 영어를 구사했다.

1819년 4월(31세) 로마를 거쳐 베네치아로 가서 부유하고 지체 높은 여인과 사귀었다. 그러나 단치히의 은행 물Muhl이 파산하는 바람에 쇼펜하우어 일가가 심각한 재정적 위기에 처했다는 소식을 듣고 이탈리아에서 급거 귀국한다. 어머니는 쇼펜하우어의 충고를 무시하다가 낭패를 겪고 말았다. 여동생 아델레와의 관계도 깨어진다. 바이마르로 돌아와 괴테를 방문한다. 베를린대학교 철학과에 강사직을 지원한다.

1820년(32세) 봄에 베를린으로 이사. 베오크 교수 입회하에 '원인의
네 가지 다른 종류에 대하여'라는 제목으로 교직에 취임할 시
험강의를 하고 통과한다. 베를린대학에 강사로 취임하여 '철학
총론 – 세계의 본질과 인간 정신에 대하여'를 매주 강의했다.
강의 계획은 1820~1822, 1826~1831년까지 수립되어 있었지
만, 헤겔의 강의와 같은 시간대에 강의하게 해달라고 요청하는
바람에 수강생이 적어서 한 학기 만에 강의가 끝나고 말았다.
이후 쇼펜하우어는 자신의 저서 곳곳에서 헤겔, 피히테 같은
강단 철학자에 대한 불만을 표출했고 몽상적인 이론을 퍼트려
대중을 속여 먹는 저열한 사기꾼, 대중들의 두뇌를 해치는 난
센스 삼류 작가, '철저히 무능하고 간사한 대학교수 패거리'의
두목이라며 비난했다. 결국 쇼펜하우어는 철학을 대학교에서
강의한다는 것 자체가 부적합하다고 여겼고 교수들의 파벌 자
체를 증오했다.

1821년(33세) 배우 카롤리네 리히터와 비밀 연애를 시작함. 8월 문 앞
에서 시끄럽게 떠든 재봉사 카롤리네 루이제 마르케와 심하게
다툰 쇼펜하우어는 이후 5년 남짓 지속된 소송에 시달림. 『하나
의 가지』라는 자서전적인 산문 집필.

1822년 5월(34세) 두 번째로 이탈리아의 밀라노, 피렌체, 베네치아로
여행. 이탈리아의 문화, 예술, 환경을 경험하고 이에 대해서
배우고 기록했다.

1823년 5월(35세) 여행을 마치고 독일 뮌헨으로 돌아옴. 여러 질병과
청각장애를 겪으며 우울한 시기를 보냈다. 뮌헨에서 겨울을
보냈다.

1824년(36세) 잘츠캄머구트, 가슈타인(스위스), 만하임, 드레스덴에서
체류함. 쇼펜하우어는 "멀쩡히 잘 걷는다는 사실만으로 나와
수준이 대등하다고 여기는 인간들과 가급적 사귀지 않기로 결
심했다."라고 일기에 적으며 고독한 심경을 드러냈다. 11월에
데이비드 흄의 『종교의 자연사』와 『자연종교에 관한 대화』 등
을 번역할 계획이었으나 도와줄 출판사를 구하지 못해 실패하
고 말았다. 『의지와 표상으로서의 세계』에 대한 악평이 좀 나오
기도 했으나 낭만주의 작가 장 파울은 '천재성, 심오함, 통찰력
을 가득 머금었으되 대담하면서도 철학적 다재다능함도 과시
하는 저작'이라고 호평했다.

1825년 4월(37세) 베를린으로 돌아와 다시 한번 강의를 시도하지만 이
번에도 헤겔과 강의 시간이 겹쳐 실패한다. 우울한 나날을 보
내며 스페인어를 열심히 공부한다.

1827년 5월(39세) 재봉사 카롤리네 마르케와의 소송에서 패소하여 그
녀가 죽을 때까지 매년 60탈러(유럽에서 쓰인 은화)를 지급해야
했으며, 소송비용 300탈러까지 부담해야 했다.

1828년(40세) 어머니와 여동생이 바이마르를 떠나 본에서 생활함. 발
타사르 그라시안의 저서를 번역하기 시작

1829년(41세) 칸트의 저작을 영어로 번역할 계획을 세우나 실현되지 못한다.

1830년(42세) 「시각과 색채에 대하여」 라틴어본이 「안과학계 소수자들의 논문」 제3권에 수록되어 출판됨.

1831년 8월(43세) 콜레라가 베를린에 창궐하자 그곳을 떠나 프랑크푸르트로 피신함. 반면 헤겔은 피난을 가지 않고 있다가 콜레라에 걸려 사망함.

1832년 1~2월(44세) 프랑크푸르트의 자신의 방에서만 칩거. 4월 발타사르 그라시안의 저서 번역 완료. 7월 만하임으로 가서 다음 해 1832년 6월까지 머무른다.

1833년 7월(45세) 프랑크푸르트에 정착하여 평생 그곳에서 거주한다. 유행이 지난 옷을 항상 입고 다녔으며 반려견 푸들 '아트만'을 데리고 정해진 시간에 속보로 산책했고, 혼잣말로 이상한 소리를 하기도 하여 주민들의 희한한 구경거리가 됨. 쇼펜하우어의 저서가 사람들의 관심을 받고 서서히 알려지기 시작. 이쯤에 쇼펜하우어는 여동생과 어머니와 편지 교류를 했고 작품 활동으로 나날을 보내던 어머니는 아들을 걱정하는 편지를 보냈다.

1835년(47세) 프랑크푸르트에서는 세상을 떠난 괴테를 위해 기념비 건립 계획을 세웠다. 쇼펜하우어는 당국에 괴테 기념비에 관한 건의서를 제출했다. 인류를 위해 온몸으로 활동한 정치인, 군인, 개혁자 같은 위인들을 기념하려면 전신상으로 해야 하지만 머리를 써서 이바지한 문학가, 철학자, 과학자들을 기념하려면 흉상을 제작하는 것이 좋다는 주장이었다. 하지만 이 의견은 받아들여지지 않았다. 완성된 괴테의 전신상 기념비는 매우 볼품없었고 훗날 미술사학자 프란츠는 이 기념비에 대해 '국가적 재앙'이라는 혹평을 내렸다.

1836년 5월(48세) 자연과학이 증명해낸 것과 자신의 학설이 일치한다는 생각을 반영한 『자연에서의 의지에 대하여Über den Willen in der Natur』를 출간. 매우 꾸준히 학문에 매진했다.

1837년(49세) 쇼펜하우어는 『순수이성비판』 A판(1판)을 B판(2판)보다 중시하여 칸트 전집 출판에 개입한다. 칸트 전집 출판에 관여한 카를 로젠크란츠는 쇼펜하우어의 건의 사항을 받아들여 1판 원고를 실어 출판했다. 노르웨이 왕립 학술원의 현상 논문 모집에 응모하기로 결정함.

1838년(50세) 4월 17일 모친 요한나 쇼펜하우어가 72세의 나이로 사망했지만 장례식에는 참석하지 않았다. 덴마크 왕립 학술원의 현상 논문 모집 공고를 보고 응모하기로 결정함.

1839년(51세) 1월 현상 논문 「의지의 자유에 대하여Über die Freiheit des Willens」로 노르웨이 왕립학술원으로부터 수상함.

1840년(52세) 1월 현상 논문 「도덕의 기초에 대하여Über die Grundlage der Moral」로 덴마크 왕립 학술원에 단독으로 지원했지만 입선만 하고 우수상을 받지 못함. 학술원은 '이 시대의 저명한 철학자들'인 헤겔, 피히테 등을 비난했다는 등의 이유로 부당한 판정을 하면서 상을 주지 않음. 이후 쇼펜하우어는 '하찮은 판정'이라 취급했고 이 판정에 반론하는 글을 추가하여 책으로 출판했다. 거기서 헤겔을 심각하게 비난한 것은 인정하지만 그가 대단한 철학자라는 것은 인정하지 못한다고 주장했다.

1841년(53세) 두 개의 현상 논문을 묶어서 『윤리학의 두 가지 근본 문제Die beiden Grundprobleme der Ethik』를 출간하면서 덴마크 왕립 학술원 낙선 논문이란 글귀를 덧붙였음. 쇼펜하우어는 죽을 때까지 덴마크 왕립 학술원에 대해 서운하게 생각했다.

1842년(54세) 여동생 아델레를 20년 만에 만남. 재봉사 카롤리네 루이제 마르케 사망.

1844년 2월(56세) 『의지와 표상으로서의 세계』 제2판이 두 권으로 확장되어 출간된다.

1845년(57세) 『소품과 부록Parerga und Paralipomena』을 집필하기 시작함.

1846년(58세) 쇼펜하우어의 열혈 추종자 율리우스 프라우엔슈태트가 쇼펜하우어를 만나 제자로 지낸다. 특히 도르구트, 베커, 도스 같은 법조인들이 열혈 팬이 되어 쇼펜하우어를 격찬하기 시작한다. 쇼펜하우어는 변호사 요한 베커가 자신의 사상을 깊이 이해하고 있으나 그것을 글로 쓰지 않았다며 아쉬운 마음을 드러내기도 한다.

1847년(59세) 빌헬름 폰 그비너와 처음 만남. 『충분근거율의 네 겹의 뿌리에 대하여』 개정판을 출간.

1848년 9월(60세) 프랑크푸르트의 길거리에서 48혁명의 총격전을 목격함.

1849년(61세) 여동생을 마지막으로 만남. 여동생 아델레가 4월 25일 본에서 사망했지만 장례식에는 참석하지 않음. 키우던 흰색 푸들이 죽자 갈색 푸들을 입양해 역시 '아트만'으로 부름

1851년(63세) 11월 『의지와 표상으로서의 세계』의 '부록' 격인 『소품과 부록』을 5년간 집필한 끝에 어렵게 출간함. 이 책은 무보수로 출간했기 때문에 10권만 증여받았을 뿐이었다. 출판사의 부정적인 예상과는 달리 이 작품은 얼마 안 가 쇼펜하우어의 책들 가운데 가장 많이 팔려나가고 인기를 끌면서 그의 철학이 일반 대중에게 수용되는 계기가 된다. 그러자 『의지와 표상으로서의 세계』도 새삼 대중의 주목을 받게 된다.

1852년(64세) 『노령老齡』 집필. 유언장을 작성한다. 함부르크의 《계절》 지에서 『소품과 부록』에 대한 열광적인 찬사를 게재한 책자를 보내옴.

1853년(65세) 영국의 독일어책 번역가인 존 옥슨포드가 《웨스트 민스터 리뷰》에 「독일철학에 내재된 우상 파괴주의」라는 글로 쇼펜하우어의 사상을 익명으로 소개하여 초월적 감성론으로 영국에 알린다. 독일의 여성 언론인 린트나가 이를 다시 독일어로 번역하여 베를린의 포스신문에 발표하였다.

1854년(66세) 『자연에서의 의지에 대하여』 제2판 출간. 이 책에서도 쇼펜하우어는 헤겔과 헤겔의 '교수 파벌' 때문에 독일 철학계가 오염되었다고 비판하며 대학교에서 철학을 배우려는 것은 인생 낭비에 불과하니 자신의 사상과 칸트의 사상을 공부하라는 충고를 한다. 12월 『시각과 색채에 대하여』 개정판 출간. 쇼펜하우어가 하찮은 철학 교수라 불렀던 셸링이 사망했다. 리하르트 바그너가 쇼펜하우어에게 〈니벨룽의 반지〉의 헌정본을 보냈다. 쇼펜하우어가 바그너를 알게 됨. 바그너는 쇼펜하우어에게 혹평을 받고 냉대받았으나 개의치 않고 기뻐했다. 율리우스 프라우엔슈태트가 『쇼펜하우어 철학에 관한 서간집』을 간행했다.

1855년(67세) 라이프치히대학의 철학과가 '쇼펜하우어 철학 원리에 대한 해명과 비판'이라는 현상 과제를 제시했다. 여러 대학에서 쇼펜하우어의 사상 관련 강의가 개설되기 시작했다. 프랑스 화가 줄 룬테슈츠가 유화로 그린 쇼펜하우어 초상화가 프랑크푸르트 미술 전시회에 출품됨. 다비트 아셔가 '독학獨學의 박사 쇼펜하우어에게 보내는 공개장' 발표.

1856년(68세) 룬테슈츠가 그린 초상화가 화려한 석판으로 나와 판매되었다. 라이프치히대학에서 '쇼펜하우어 철학의 핵심 해설 및 비판'이라는 현상 논문을 모집함.

1857년(69세) 카를 G. 벨(법률고문관)이 그 현상 논문에 2등으로 당선. 이 논문을 『쇼펜하우어 철학의 개요 및 비판적 해설』이라는 표제로 출판. 쇼펜하우어에 대한 강의가 본대학교와 브레슬라우대학교에 개설됨. 쇼펜하우어의 몇몇 책이 영국, 프랑스에서 번역되었다. 쇼펜하우어는 프랑크푸르트의 어느 박람회를 구경하면서 유럽에는 매우 보기 드문 오랑우탄을 관찰했다. 자주 찾아가서 관찰했으나 관찰할 기회를 너무 늦게 만났다며 한탄했다.

1858년(70세) 2월 20일 쇼펜하우어 70세 생일 파티가 열렸고 신문 기사에도 생일 파티 소식이 실렸다. 『의지와 표상으로서의 세계』 제3판이 나오고 룬테슈츠가 쇼펜하우어의 두 번째 유화 초상화를 완성. 유럽 각지에서 쇼펜하우어를 만나기 위해 손님들이 찾아왔다. 베를린 왕립 학술원에서 쇼펜하우어를 뒤늦게 회원으로 추대하고자 했지만 쇼펜하우어는 나이가 많다는 등의 이유로 거절했다.

1859년(71세) 화가 안기르베르트 게이베르에게 유화 초상화를 그리게 함. 젊은 여조각가 엘리자베트 네이가 쇼펜하우어 상반신을 조각했다. 11월 『의지와 표상으로서의 세계』 제3판이 출간.

1860년(72세) 프랑스 《독일 평론》지에 마예르의 「쇼펜하우어에 의해
고쳐 쓰인 사랑의 형이상학」 게재. 『윤리학의 두 가지 근본 문
제』 제2판 출간. 9월 21일 아침 폐렴 증상을 겪었고, 프랑크푸
르트 자택에서 소파에 기댄 채 조용히 숨을 거두었다. 26일 프
랑크푸르트의 시립 중앙 묘지에 안장됨. 그의 묘비에는 생몰
연대 등 일체의 기록 없이 그의 이름만 새겨져 있다.

1862년 쇼펜하우어가 번역한 발타사르 그라시안의 『세상을 보는 지혜
Das Handorakel und Kunst der Weltklugheit』가 독일에서 출간되었다.

쇼펜하우어의 고독한 행복

초판 1쇄 인쇄 2024년 6월 19일
초판 1쇄 발행 2024년 6월 28일

지은이 아르투어 쇼펜하우어
엮은이 우르줄라 미헬스 벤츠
옮긴이 홍성광
펴낸이 정중모
펴낸곳 도서출판 열림원

출판등록 1980년 5월 19일(제406-2000-000204호)
주소 경기도 파주시 회동길 152
전화 031-955-0700
팩스 031-955-0661   페이스북 /yolimwon
홈페이지 www.yolimwon.com   트위터 @yolimwon
이메일 editor@yolimwon.com   인스타그램 @yolimwon

기획 민병일
책임편집 김혜원   온라인사업 서명희
편집 박지혜 김은혜 정소영   제작 윤준수
디자인 강희철   영업관리 고은정
마케팅 홍보 김선규 고다희   회계 홍수진

ISBN 979-11-7040-268-8 03190

* 역자와 출판사의 서면 허락 없이 내용의 일부를 무단 도용하거나 발췌하는 것을 금합니다.
* 책값은 뒤표지에 있습니다. 잘못된 책은 구입하신 곳에서 교환해드립니다.